Paul Theroux

Chicago Loop

Roman

Deutsch von Benjamin Schwarz

Deutscher Taschenbuch Verlag

Von Paul Theroux
sind im Deutschen Taschenbuch Verlag erschienen:
Mein geheimes Leben (12088)
Die glücklichen Inseln Ozeaniens (12193)

Ungekürzte Ausgabe
Januar 1997
Deutscher Taschenbuch Verlag GmbH & Co. KG,
München

Titel der englischen Originalausgabe:
›Chicago Loop‹ (Hamish Hamilton Ltd., London 1990)

ISBN 3-455-07712-9
Umschlaggestaltung: doMANSKI
Satz: Alphabeta Gerds GmbH, Hamburg
Gedruckt auf säurefreiem, chlorfrei gebleichtem Papier
Druck und Bindung: C. H. Beck'sche Buchdruckerei,
Nördlingen
Printed in Germany · ISBN 3-423-12301-X

»*Loop. Looping.* Sein Leben beschrieb eine Kurve.« Parker Jagoda, Ende Dreißig, hat eine eigene Baufirma und könnte mit seiner Familie ein beschauliches Leben führen. Wenn ... Wenn da nicht noch etwas anderes wäre, das ihn umtreibt und nicht zur Ruhe kommen läßt. Ausgebrannt und voller Gier nach Betäubung erschleicht sich der Erfolgsarchitekt über Kontaktanzeigen das Vertrauen einiger Frauen und wird dabei zum Mörder. Oder war er vielleicht doch nicht der, den die Presse zum »Wolfsmenschen« hochstilisiert? Parker ist sich seiner selbst nicht mehr sicher. Hin- und hergerissen zwischen Realität und Obsession läuft er nachts durch Chicago, auf der Suche nach Erniedrigung und Bestrafung. Selbstqual, Angstlust, Ekel vor sich selbst und Sterbenwollen sind jetzt Höhepunkte seines Daseins. »Das Unabänderliche dieser Entwicklung, dieses Erschreckens vor dem verlorenen Selbst, das nur in Zerstörung enden kann«, schreibt Volker Albers im ›Hamburger Abendblatt‹, »hat Paul Theroux in einer beklemmenden wie kompakten Prosa erzählt.«

Paul Theroux wurde 1941 in Massachusetts geboren und lebt heute zusammen mit seiner Familie in London und auf Cape Cod. In England und Amerika wurde er zuerst durch seine ungewöhnlichen Reisebücher bekannt. Seine Romane erreichten Bestsellerauflagen. ›Moskitoküste‹ und ›Dr. Slaughter‹ wurden erfolgreich verfilmt.

Ich fürchtet' die voll grauser Schuld
Und tat, was sie zu tun sich grausten.

George Crabbe, »Raserei«

Reue – Erinnerung hellwach
Die Sinne all' auf Draht
Ein Hiersein längst vergangner Tat
Am Fenster – an der Tür.

Emily Dickinson

Kapitel 1 Auf der West Adams, knapp innerhalb des Loop, hätte es ihn fast erwischt. Ein Bus erhob sich plötzlich vor ihm, als er zum Sears Tower hinaufblickte, er sah das häßliche, erschrockene Gesicht des Fahrers, er hörte das Zischen der Bremsen. Einen Moment später dachte er: Warum bin ich nicht tot?

Parker Jagoda war den ganzen Tag im Loop herumspaziert. Er redete sich ein, nur so herumzuschlendern. Wieso sollte er sagen, er schiebe was vor sich her, wenn er keine Pläne und nichts zu tun hatte? Es war ein sonniger Tag Anfang Juni, dreiunddreißig Grad zeigten die Reklametafeln in blinkenden Lichtern an. Er haßte den Lärm der Großstadt, aber er fühlte sich durch die Hitze und die Menschenmassen gestärkt, die sich im Schatten der Häuser bewegten.

Unter Fremden war ihm immer wohler. Etliche Leute, die ihn gut kannten, wünschten ihm, daß er zu Schaden kam – und manche wünschten ihm den Tod. Freunde von früher beneideten ihn inzwischen einfach und hätten ihre Freude an seinem Untergang, wie die Schande eines Mächtigen jeden Schwachen freut. Er wußte, das war bei seinen schlechtgelaunten Freunden so: Deutlich spürte er die Schwingungen ihres Neids, ein Tiefton-Brummen, das ihn manchmal von der anderen Seite eines Zimmers her anfiel wie Hitzefinger oder schleichendes Gift; wie ein schlechter Geruch, wie das Summen einer dunklen Lampe. Und wenn einer von diesen Leuten sich wegdrehte, war es oft so, als kämen ihnen diese Schwingungen aus dem Hinterkopf. Parkers offensichtliches Selbstvertrauen, seine Energie, sein ererbtes Vermögen – das alles – verursachte diesen Leuten Krämpfe. Was konnte er da anderes tun, als ihnen aus dem Weg zu gehen? Wenn er freundlich zu ihnen war, reagierten sie, als hätte er sie gestochen, und sein grimmiger Humor machte alles noch schlimmer. Also hatte er keine Freunde.

Jetzt war er aber doch verwirrt. Hatte er beim Herumbummeln etwa auf diesen Beinahe-Unfall mit dem Bus gewartet? Da er ihn überlebt hatte, kam er zu der Überzeugung, daß es ein Omen war: Es hätte passieren sollen – er hätte sterben sollen.

Er raffte alle Entschlußkraft zusammen und steuerte auf die Pianobar in der South Dearborn zu, wo, wie er wußte, eine hübsche Fremde namens Ewa hinter einem Drink saß.

Den ganzen Tag über hatte er im Glauben, bloß gelangweilt zu sein, die Leute wie aus weiter Ferne gesehen, als wäre er zufällig zu Besuch auf diesem Planeten, als wäre er bereits tot. Lag das an seinem Alter? Es schmeckte ihm nicht, daß er siebenunddreißig war, und er stellte sich immer wieder vor, was wohl die Leute gerade machten, und so wurde er zu so was wie einem Außerirdischen – kein Zombie, das wußte er, denn er war neugierig und tatendurstig.

Heute war er anonym. Er war unsichtbar, sah jedoch alles. Traurigkeit hatte ihn den Blicken entzogen und mit boshaftem Humor erfüllt. Wilde, krause Witze fielen ihm ein, und er stellte sich die Kränkung, die Bestürzung auf den Gesichtern der Leute vor, sollte er sie ihnen erzählen. Es war ein altvertrautes Gefühl. Die Fröhlichkeit anderer Menschen hatte ihm immer ein Gefühl von Einsamkeit gegeben.

Seit er zu Hause weggefahren war, hatte er Dinge erlebt, die kein anderer sah. Er erkannte die Wahrheit. Warum war sie nie offensichtlich, immer verborgen wie ein böses Geheimnis? Er sah einen Mann mit zartem Make-up (Lidstrich, hellem Puder, um die Wangenknochen hervortreten zu lassen, etwas auf den Lippen) und eine Frau mit versteckten Tätowierungen: Sie leuchteten wie blaue Flecken durch ihren engen Sommerrock hindurch, eine Rose auf der Hinterbacke. Ein Sicherheitsbeamter in der Hochbahnstation LaSalle trug eine Perücke – typisch dieser nachgemachte Bulle mit seiner Wollperücke, die zur Seite gerutscht war. Der Mann war glücklich, weil er meinte, die Welt an der Nase herumzuführen. Auch der Schminke-Typ lächelte. Die tätowierte Frau war ein Flittchen.

Parker hatte zu Hause in Evanston herumgetrödelt, und plötzlich, als höre er ein Signal in seinem Kopf, war er losgerannt, um die Bahn noch zu erwischen. Er verpaßte den Zug der North Western, kriegte aber einen abgetakelten Hochbahnzug voller Putzfrauen, die nach Hause fuhren, und versuchte zu erraten, welche von ihnen Kambodschanerinnen waren. Dann blickte er, nach Vorzeichen suchend, aus dem Fenster. Er sah ein junges Paar, das in einem neuen Kabrio – einem Beemer wie seinem – aus der Stadt hinausfuhr. Die beiden belogen sich gegenseitig, aber sie waren glücklich. Er sah eine Familie mit Ferienplänen ein Reisebüro betreten. Sie würden fast sicher eine furchtbare Pleite erleben: Es würde regnen, der Flug würde entsetzlich rumpelig sein, die Leute hinter ihnen im Flugzeug würden ihre Füße auf die Armlehnen legen, und jedesmal, wenn sie aufstünden, um auf die Toilette zu gehen, würden sie sich an die Rückenlehnen klammern, um sich hochzuhieven. Das alles war noch in der Zukunft verborgen, ebenso wie die Leute im Nebenzimmer in ihrem Hotel – ein Mann, der gelegentlich eine Prostituierte verdrosch und sich um Geld stritt. Doch die Familie war noch unwissend-hoffnungsfroh, genau wie die Leute, die er in Evanston ihre Wochenendgäste aus Kenosha oder sonstwoher aus dem Norden hatte abholen sehen – wie sie am Bahnhof warteten und die Besucher mit ihren viel zu schweren Koffern gespannt begrüßten. Alle hatten Pläne für morgen. Wenn sie Parker gesehen hätten, das wußte er, hätten sie gesagt: »Wir haben's und du nicht.«

Er sagte sich: Die Leute wissen gar nicht, wie scheußlich sie sind. Sie glauben, sie sind nett.

Er hätte sie gern damit erschreckt, ihnen zu sagen, was sie waren.

Das war der Moment, als der Zug im Loop in die Station LaSalle einfuhr und er den Sicherheitsbeamten mit der schlechtsitzenden Perücke sah. Auch die dunkelrote Uniform paßte ihm nicht, und seine Schuhe waren mürbe und zerrissen. Es war nur gut, daß so ein Mann keine Pistole hatte.

Es war dunkel unter der Hochbahn in der LaSalle, an diesem reich-armen, wunderschön lausigen Ort, dem Finanzdistrikt, der an den Rändern noch schmuddelig und wirklich war – dem lärmigen Loop, wo kein Mensch wohnte.

Er wußte genau, wo er hinwollte, aber er versagte es sich. Er spazierte unter der Hochbahn langsam die Van Buren hinunter, und ihm gefielen die Dunkelheit und die harten Schatten des Metallgitters, die das Sonnenlicht warf, das durch die Lücken im Stahl fiel. Er kam am rosafarbenen Granit der Optionsbörse vorbei, trödelte in der Nähe eines Bagel-Ladens herum und blickte zum jähen Bau des neuen Cook-County-Gefängnisses hoch, der hauptstädtischen Jugendstrafanstalt mit ihren hohen Fensterschlitzen und fünfundzwanzig Stockwerken. Sie sah wie ein Grabgewölbe oder eine Festung aus. Er stellte sich vor, darin zu sein, hinter einem dieser schwarzen Schlitze, in der Hitze und Langeweile eines Sommertages. Es wäre nur eine andere Art, in Chicago zu leben, und nicht die schlechteste.

»'n bißchen Kleingeld für 'n Typen übrig?«

Amerika war heutzutage voller Bettler, und sie kamen in die besten Viertel, hingen in der Nähe der feinsten Restaurants herum, baten nicht mal um Entschuldigung. Dieser war wie alle anderen: sah respektabel und gefährlich aus, und Parker haßte seine Unverschämtheit – die Idee im Hirn dieses Mannes, daß er genau wie Parker war, tatsächlich, nur kein Geld hatte, eine Pechsträhne erlitten, diese Art Lügen. Parker wünschte sich, er hätte Zeit, den Mann beiseite zu nehmen und ihm zu erklären, wie sehr er sich irrte und daß er grauenhaft war.

Er wich dem Parkhaus in der Wells aus, wo er normalerweise seinen Wagen abstellte. Er hatte ihn auf dem Parkplatz in der Davis Street in Evanston stehen lassen. Daß er ohne ihn hier im Loop war, machte ihn nur noch anonymer. Es trug zu seinem Gefühl bei, ein Marsmensch zu sein. Er schlenderte um die Ecke und sah auf der Uhr am Gebäude der Handelskammer, daß es fast halb fünf war. Parker sah nicht auf seine eigene, teure Uhr.

Darauf beeilte er sich – scheinbar ohne Grund. Hinterher kam er zu dem Schluß, daß er sich beeilt hatte, um getötet zu werden, denn einen Augenblick später wurde er auf der West Adams beinahe von dem Cicero-Bus plattgewalzt.

Da er in der Art und Weise, wie er davongekommen war, eine Bedeutung sah, ging er rasch und mit innerer Gewißheit auf die South Dearborn und die Frau zu, die in der Bar wartete.

Ewa lächelte, als Parker die Bar betrat und auf ihren Tisch zusteuerte. Parker wußte, es lagen Erleichterung und Dankbarkeit hinter diesem Lächeln, und ihre unbedachte Sicherheit verblüffte ihn. Bei dem Gedanken, daß sie ihn absolut nicht kannte, lächelte er ebenfalls.

Was sie wahrscheinlich für wahr hielt, war, was sie im Chicagoer *Reader* in der Annonce unter »Persönliches« gelesen hatte.

> *Wenn du eine attr., schl., gesundheitsbew. SWF (24–35) bist und gutes Essen, frische Luft, romantische Abende und gemeinsamen Spaß liebst, wäre SWM, 35, leitender Loop-Angest., 180, 72kg, finanziell und emotional gesichert, aber einsam, Nichtraucher, gern Bestandteil deiner Zukunft. Schreibe mit Foto und Telefonnummer an Box 91209.*

Sie antwortete in einer merkwürdig schräggeneigten Linkshänderschrift auf einem Blatt Papier mit einem Behördenwasserzeichen. Ihr Brief war um so zärtlicher, als er orthographische Fehler enthielt. Sie schrieb, sie wolle sich »in keine Beziehung reinziehen« lassen. Sie habe »Mannsbilder echt satt«. Sie konnte Engagement nicht richtig schreiben, aber das konnte sowieso niemand. Sie schrieb »biste« statt »bist du«. Sie schrieb, daß sie kein Mountain Bike habe. In Chicago? »Keine Drogen«, schrieb sie. Sie sei einsam, aber vorsichtig. Kein Foto.

Es war einer der Briefe, von denen Parker sich vorstellte, daß sie auf einem Küchentisch unter einer grellen Lampe geschrieben wurden. Wenn man sich das Papier genau genug ansah, würde man kleine Krümel und einen Kaffeefleck entdecken. Er war auf ein nichtssagendes, breitschulteriges Mädchen mit den Schenkeln eines Oberliga-Mittelstürmers gefaßt gewesen, das tagsüber in einem schlabberigen, blauen Trainingsanzug vor der Glotze hockte und auf eine langsame, traurige Weise aß. Er war schon vielen Frauen dieser Sorte begegnet: das Halbstunden-Rendezvous. Sie gehörten zu denen, die am wenigsten zutraulich waren, auch wenn sie auf Kontaktanzeigen antworteten.

Doch Ewa war ein Heuler. Sie hatte langes, dunkles Haar, das zu einem dicken Zopf geflochten war, eine makellose Haut und schrägsitzende, slawische Augen wie die einer Katze, ein schmollendes Polengesicht und volle Lippen. Sie war knapp unter dreißig, und obwohl sie eine gute Figur hatte, trug sie schwere, formlose Klamotten wie ein Hilfsarbeiter: eine Lederjacke, Bluejeans und abgelatschte Reeboks, und sie lief wie ein Mann, nach vorn gebeugt und wippend, die Hände in die Jackentaschen gerammt. Noch jetzt, bei weit über dreißig Grad, trug sie ein Sweatshirt.

Er hatte allerdings Recht gehabt, was ihre Vorsicht anging. Es war jetzt das vierte Mal, daß er sie sah, und weiter als bis zu dieser Bar waren sie noch nicht gekommen. Er war gleichfalls vorsichtig geworden, als er anfing, zärtliche Gefühle für sie zu entwickeln, und heute hätte er vielleicht nicht mal die Verabredung eingehalten, wenn die Sache mit dem Cicero-Bus nicht passiert wäre.

Er sagte: »Heute morgen habe ich mich phantastisch gefühlt, weil ich wußte, ich würde dich sehen.«

»Ich war mir nicht sicher, ob du kommen würdest«, sagte sie, aber sie sagte es leichthin.

»Was hättest du gemacht, wenn ich nicht gekommen wäre?«

»Was ich immer mache«, sagte sie und klang unangreifbar.

Parker sagte: »Hab ich dir jemals erzählt, daß einer meiner Füße eine ganze Nummer größer ist als der andere? Ich würde dir das Phänomen gerne irgendwann mal vorführen.« An der Art, wie sie lächelte und den Kopf senkte, erkannte er, daß sie vermutete, er nehme sie auf den Arm.

»Es gefällt mir, Männer mit Schnurrbart Bier trinken zu sehen«, sagte er. »Guck mal, der da« – ein Mann an einem Nachbartisch drückte den Schaum aus seinem Schnäuzer und zog die Stirn kraus. »Jemals bemerkt, daß die Koteletten bei Männern immer die falsche Länge haben? Wie bei dem da – eine kurz, eine lang.«

Ewa lachte leise, sie mochte ihn wieder.

Er sagte: »Das ist schön. Ich hab's immer gehaßt, wenn meine Frau über mich gelacht hat, weil sie's immer zu laut tat. Viel zu laut, als wenn sie damit irgendwas anderes hätte sagen wollen. Verstehst du, was ich meine?«

Das ließ Ewa in ihrem Lachen innehalten, und sie warf ihm erneut einen scheuen Blick zu, der verwirrt und bedrückt war.

»Warst du in Vietnam?« fragte sie.

»Nein! Ich war schon immer so!« sagte er und überraschte sich mit seinem eigenen Witz. Das ließ ihn zärtlich werden. »Ich hab dich wirklich gern«, sagte er. »Ich bin sehr gern mit dir zusammen.«

Das meinte er kaum so, er redete einfach nur, aber er brauchte es, daß sie es hinnahm und ihm glaubte. Hätte sie an ihm gezweifelt, hätte er sie fallenlassen und wäre gegangen. Er wußte genau, wohin.

Aber Ewa nahm hin, was er sagte, jedenfalls schien es so – obwohl es nur Worte waren. Daß sie die hinnahm, half ihm, sich zu wünschen, daß er existierte. Er fühlte sich unbeschwert, wenn er einfach so redete, Seltzerwasser mit einer ausgedrückten Limette darin trank und ihr zusah, wie sie mit den Eiswürfeln in ihrem Gesöff klapperte – es war immer Kahlua, Amaretto oder ein anderes Kotzmittel namens Malibu. Bislang schien sie eine ungewöhnliche Frau zu sein, anscheinend brauchte sie nichts weiter als Worte.

Sie sagte: »Ich fange an, dir zu glauben, und dann

denke ich – zu was braucht mich ein Typ wie du?« Sie schnitt eine Grimasse, weil er nicht antwortete. »Ich bin langweilig«, sagte sie.

»Nein, bist du nicht«, sagte Parker. »Weißt du, warum langweilige Leute langweilig sind?«

Ewa schüttelte den Kopf und machte ein besorgtes Gesicht, als werde er ihr gleich eine Standpauke halten.

»Sie sind langweilig, weil sie denken, sie sind interessant.« Das kapierte sie nicht, und ihr Blick ging ins Leere, als sie versuchte, die Pointe zu verstehen.

»Was ist mit deiner Frau?« fragte sie. »Du hast deine Frau erwähnt.«

Er hatte schon vergessen, daß er das Wort benutzt hatte, was ein Fehler gewesen war, denn SWM, Single White Male, weißer männlicher Single, hatte in der Annonce gestanden, nicht DWM, Divorced White Male, geschiedener Weißer. Er war wütend auf sich, so unvorsichtig zu sein.

»Das ist lange her«, sagte er. »Sie hat sich einen neuen Freund gesucht. Sie wollte mich nicht mehr.«

»Ich weiß, was das heißt«, sagte Ewa.

Sein Zorn verließ ihn, und er freute sich, das von ihr zu hören, denn sie redeten sonst immer über das gleiche, und er dachte ständig – aber mit immer etwas geringerem Interesse, während die Tage vergingen: *Wer ist sie?*

Er begann eifrig über sie zu reden, wobei er betonte, daß sie ganz und gar nicht langweilig sei und daß er sich lebendig und hoffnungsfroh fühle, wenn er mit ihr zusammen sei. Gleichzeitig sah er sich in der Pianobar um und dachte: Diese Leute glauben, sie sind glücklich. Sie führen wirkliche Leben, sie sind freundlich, sie sind harmlos, sie sind einfach. Er beneidete sie, und dann taten sie ihm wieder leid, und er bedauerte sie. Sie wußten nicht, was ihnen noch widerfahren würde, und wenn sie irgendwie dahinterkämen, wären sie nicht mehr so fröhlich – doch das war unmöglich: Nur er wußte solche Dinge.

»Du und dein Seltzerwasser«, sagte Ewa liebevoll wie eine alte, sanft neckende Gattin. Er war verstummt, und sie brach das Schweigen. Sie zuckte mit den Schultern und sagte: »Ich habe Hunger.«

Parker rief die Kellnerin, und Ewa bestellte, indem sie auf die Wand blickte, wo die Tagesgerichte mit Kreide auf eine Tafel geschrieben waren.

»Krakauer im Brötchen mit Senf und Ketchup. Dazu Krautsalat und Fritten.«

»Noch was zu trinken?«

»Milchkaffee«, sagte Ewa.

»Ich nehme noch ein Glas Seltzer«, sagte Parker, und als das Essen kam, lächelte er und sagte: »Das Zeug da ist lebensgefährlich.«

»Erzähl mir was drüber.«

»Ich würde damit lieber warten, bis du fertig bist.«

Er sah ihr beim Essen zu – wie sie in die Wurst biß, hastig nach den Fritten grapschte, den Krautsalat kaute und wie sie, als sie fertig war, ihren Kaffee schlürfte und sich über die letzten Nüsse und Rosinen in dem Schüsselchen auf dem Tisch hermachte.

»Ich schätze, das könnte man 'ne Art passiven Selbstmord nennen«, sagte Parker.

Ewa lachte ihn an, als hätte er was Verwegenes gesagt, und Parker war – ohne daß er es wollte – verärgert. War sie also doch wirklich so dumm?

»Solche Wurst besteht aus maschinell gewonnenem Fleisch – Knochen werden in einer Maschine geschleudert, und das ergibt eine Art Matsch aus zerfetztem Fleisch, Knorpeln, Fett – dazu kommen Haare und Knochenstückchen. Dann mahlt man das ganze durch, panscht Nitrite, Geschmacksstoffe und Konservierungsmittel rein und stopft es in ein eßbares Kondom, um ihm die richtige Form zu geben. Das Brötchen enthält ein schleichendes Gift namens Natrium fünf, das ihm das sogenannte Backstubenaroma verleiht. Ketchup und Senf enthalten künstliche Farbstoffe: die giftigen synthetischen, die aus Teer gemacht werden. Deine Mayonnaise ist absoluter Schrott, nichts als Cholesterin, Eigelb, Öl, Quell- und Dickmittel. Und von den Pommes frites ist jetzt auch dein Blut ganz fettig, und du hast lauter kleine Fettklümpchen im Kreislauf.«

Ewa erwiderte seinen Blick und rülpste laut. »Du erzählst nichts als Scheiße.«

»Wenn's das nur wäre, aber es ist noch schlimmer. Männer kriegen Brüste, wenn sie so 'n Fleisch essen. Die Hormone.«

Ewa streckte sich und sagte: »Ich könnte 'n paar Zentimeter gebrauchen.«

»Warum ißt du den Mist?«

»Weil's mir schmeckt.«

»Gaumenkitzel: ist ein triftiger Grund. Knusperknusper. Rein sinnlich.«

Ewa lächelte immer noch.

»Die Rosinen, die du gegessen hast. Du weißt, daß die mit Mineralöl überzogen waren?«

»Das ist doch das Beste dran.«

»Davon kriegt man Afternässen«, sagte Parker.

Sie starrte ihn an. »Du meinst es ernst.«

Er sagte nichts, aber dann wurde ihm übel von dem, was er ihr erzählt hatte, und er wollte weitermachen, damit ihm noch übler würde und um sich gegen sie zu wehren.

»Zumindest hast du die Kellner nicht irritiert.«

Ewa verstand nicht, was er damit sagen wollte.

»In Lokalen wie diesem zu essen, ist riskant«, sagte er. »Wenn du bei der Bedienung an die Falsche gerätst, spuckt sie dir womöglich in die Suppe oder in den Kaffee.«

Ewa warf einen raschen Blick auf ihre Kaffeetasse, und ihre linke Hand schloß sich, als verkneife sie sich, nach ihr zu greifen.

»Und wenn du sie so richtig ankotzt, nehmen sie dein Brötchen oder deinen Rosinenwecken, gehen aufs Klo und wischen damit auf dem Toilettensitz rum, und dann legen sie ihn dir appetitlich auf den

Teller. Du merkst nie den Unterschied. Schon gesehen, wie die Kellnerin ...«

»Laß den Quatsch«, sagte Ewa. Sie sah Parker nicht mehr an. Sie hatte sich weggedreht und sah traurig und ein bißchen verloren aus – die Arme hielt sie vor ihrem schlabberigen Sweatshirt verschränkt. Er wußte, er hatte sie verletzt: Er hatte gesiegt. Und so war es leicht für ihn, seinen Stuhl näher an sie heranzurücken und ihre Hand zu ergreifen, deren Härte ihn überraschte – ihre fleischige Handfläche, die Schwielen.

»Tut mir leid«, sagte er.

Sie blickte mürrisch weg.

»Ich hab diese fixe Idee mit dem richtigen Essen. Ich hatte den ersten Herzanfall, als ich gerade dreißig war.«

Erst da drehte sie sich zu ihm um, nicht aus Mitleid oder Sympathie, doch mit genügend Interesse, um ihn aufzumuntern.

»Ich wäre fast gestorben«, sagte er, dachte dabei aber nicht an den Herzanfall, weil es keinen gegeben hatte. Er dachte an den Cicero-Bus, der sich vor ihm aufgetürmt, sich über ihn erhoben und gedroht hatte, ihn unter sich zu begraben. Sein Gesicht war faltig vor Gram.

Ewa wurde weich und sagte: »Ich dachte, du wolltest mich ärgern.«

»Das würde ich nicht tun«, sagte er. »Aber ich habe mich hinreißen lassen.«

»Ich bin noch nicht an dich gewöhnt«, sagte sie.

»Yeah«, sagte Parker. »Das finde ich gut. Darauf trinke ich!« Und er erhob sein Glas Seltzerwasser und nahm einen kleinen Schluck, und dann küßte er sie. Es war das erste Mal, daß sie sich küßten. Sie wich instinktiv zurück, aber sie schien erfreut und verlegen.

»Ich habe den ganzen Tag im Büro an dich gedacht«, sagte Parker. »Pläne gemacht. Ich dachte mir, wir könnten doch zur Abwechslung mal ausgehen.«

Sie zuckte fast unmerklich zusammen. Er wußte, sie war ängstlich. Ungeschickt griff sie seine Erwähnung des Büros auf.

»Wie geht's denn dem Monster bei dir im Büro?«

Er lächelte, von ihrem guten Gedächtnis leicht verunsichert.

Parker hatte ihr erzählt, daß es in seinem Büro einen Verrückten gebe, den er »Das Monster« nenne und der in der Gegend herumziehe und Damenunterwäsche klaue. Es war eine Geschichte, die er ihr erzählt hatte, um ihr die Frage stellen zu können: Was meinst du, was er mit der Unterwäsche macht? Er arbeitete in keinem Büro wie dem, das er geschildert hatte. Es gab keinen Unterwäschedieb. Parker war Architekt, hatte sich auf Altbausanierung spezialisiert und motzte Häuser auf; seine Firma, High Impact Properties, befand sich am West Wacker Drive.

Aber weil sie ihn beobachtete und das Thema wechseln wollte, war Parker bereit.

»Du würdest diesen Typen nicht für möglich halten«, sagte er. »Wir wissen genau Bescheid, und offenbar hat er eine Wahnsinnssammlung Damenschlüpfer in seiner Schreibtischschublade. Weiß Gott, was er damit macht. Kannst du dir da 'n Vers drauf machen?«

Ewa sagte wenig hilfreich: »Ich möchte nicht mal drüber nachdenken.«

»Vermutlich wird er irgendwann geschnappt«, sagte Parker.

»Du solltest ihn anzeigen. Häng die Sache an die große Glocke. Selbst wenn er nicht verrückt ist, Diebstahl ist es allemal.«

»Diebstahl – wunderbar«, sagte Parker. »Das ist es. He, er ist harmlos. Und wenn er's nicht ist, schnappen sie ihn sich, sobald sie's rauskriegen. Wenn alles einen Reim ergibt. Wenn er reif ist.«

Ewa zögerte, dann brachte sie stammelnd heraus: »Du scheinst ein bißchen gereizt zu sein.«

»Ich – gereizt?«

Er verabscheute Leute, die ihm grobe Sachen sagten, ihn provozierten, weil ihre Beschuldigungen bei ihm normalerweise genau das Verhalten auslösten, das sie angriffen. Parker sagte, er sei völlig gelassen, und fragte sich, ob sie ihm glaubte.

»Also, wie wär's, wenn wir zur Abwechslung mal ausgingen?« fragte er. »Vielleicht in einen Nachtclub?«

Ewa lächelte ihn affektiert an und sagte: »Kannst du dir mich in 'nem Nachtclub vorstellen?« Sie meinte, in ihrem Sweatshirt und den Turnschuhen.

»Bloß für den Anfang«, sagte Parker. »Hinterher vielleicht noch woandershin.«

Er sah an ihrem Gesicht – allein an ihren Augen –, daß sie nicht interessiert war, und er war erleichtert.

»Ich würde mich da nicht wohlfühlen«, sagte sie.

»Ist ja okay«, sagte er und versuchte, seine Erleichterung zu verbergen: Die Anspannung, die sich in ihm löste und ihn wieder frei atmen ließ. »Ich werde kein Wort mehr drüber verlieren. Wenn wir soweit sind, werden wir soweit sein.«

»Danke, daß du mich nicht drängst«, sagte sie und berührte seine Hand, dann seine Wange. Die Wärme ihrer Hand war wie Dankbarkeit. »Gott, ich hasse Auseinandersetzungen.«

Dachte sie dabei an das, was er über ihr Essen gesagt hatte? Aber sie war drüber weg. Und er sah, daß er sich ihr Vertrauen damit erworben hatte, nicht auf dem Nachtclub zu beharren, sondern Rücksicht zu nehmen. Ganz einfach so würde sie sich an ihn klammern – viel fester noch, als wenn sie sich in ihn verliebt hätte oder ihn begehrte –, nur weil er so nachgiebig war und nicht insistierte.

Ich muß es mit einer anderen versuchen, dachte Parker und sah auf seine Uhr. Erst halb sieben, und doch wußte er, eine andere zog sich gerade um und würde ihn erwarten – er kannte ihren Namen, wußte, wie groß sie war und wieviel sie wog. Gerade jetzt besah sie ihr Gesicht im Spiegel, und sie dachte an ihn. Sie war gespannt und hoffnungsfroh, denn sie waren sich noch nie begegnet.

Er konnte es plötzlich nicht mehr erwarten, daß Ewa ging. Er stand auf, damit sie das gleiche tat. Er sagte ihr, wie sehr er sich wünschte, sie wiederzusehen. Es waren nur einfache Worte – nur menschliche Laute –, aber Ewa lächelte und sagte: »Ich mag dich«, mit der gleichen entschiedenen Überzeugung, die sich Frauen, die er kannte, normalerweise für Liebe oder Leidenschaft aufhoben.

Er wollte ihr noch sagen, daß er gern mit ihr zusammen war, weil sie nichts von ihm verlangte und weil sie ihm glaubte. Aber er wußte, wenn er sagte, wie wenig er von ihr wollte, ließ sie ihn unwiederbringlich fallen oder drehte aus Argwohn und Angst durch, wie manche Frauen das taten.

»Ich muß gehen«, sagte sie.

Wo ging sie hin? Er fragte nicht.

»Du bist nicht von der neugierigen Sorte, was?« sagte sie.

»Ich bin von der glücklichen Sorte«, sagte Parker, und er fühlte sich jetzt auch glücklich, da er sah, daß sie zu ihrer Handtasche griff und ihren Stuhl an seinen Platz gegen den Tisch schob.

»Heb 'n bißchen was davon für mich auf«, sagte Ewa. In diesem Moment, und zum erstenmal, klang sie einsam.

»Verlaß dich auf mich«, sagte Parker.

Sie machte ein hoffnungsvolles, dankbares Gesicht, und beinahe hätten sie sich noch einmal geküßt. Sie berührte seine Lippen mit ihren Fingern, dort, wo der Kuß hingegangen wäre, und dann schien sie dem Klavier zuzuhören. Es spielte gerade »Time After Time«, und Parker wußte, sie dachte an die schönen Worte.

Er ergriff ihre Hand, und seine Ungeduld, daß sie ging und ihn allein ließ, die tröstende Art, in der er mit ihr sprach, beruhigten sie und ließen sie zögern.

Er sagte: »Ich habe Platz für dich in meinem Leben. Aber hast du für mich auch Platz in deinem?«

Der Blick, den sie ihm daraufhin zuwarf – ihre Augen weiteten sich nur ganz leicht –, sagte alles. Es gab leeren Raum in ihrem Leben, so etwas wie ein dumpfes Loch, das einen erstickte; und er sah sie allein in ihrem einsamen Zimmer. Sie hörte sich traurige Lieder an und wurde davon noch trauriger.

»Wir werden das fabelhaft hinkriegen«, sagte er.

Die Art, wie sie sich umblickte, überzeugte ihn, daß sie sich ihn und sich zusammen vorstellte. Für eine so einsame Frau besaß das Wort *wir* Macht und Schönheit. Er hatte fast Angst um sie, Angst vor seiner Macht über sie. Er war froh, als er sie für diesmal gehen sah.

Er hatte noch Zeit, die anderthalb Meilen bis zu Felix's zu Fuß zu gehen, der Bar im nördlichen Teil der Rush, in der wahrscheinlich eine Frau namens

Sharon (*SWF, 162, 49 kg, blond getigert*) auf ihn wartete. Es war ihre erste Verabredung, und darum kam er entweder pünktlich oder überhaupt nicht.

Die Kontaktanzeige im *Reader*, auf die sie geantwortet hatte, lautete:

Erfolgreicher, starker, ungewöhnlicher, großzügiger SWM, 35, eigene Firma, sucht aufgeschlossene, vergnügliche W für Rendezvous, Gemeinsamkeit und Zukunft. Antwort, Foto und Telefonnr. an Box 58 362.

Die Antwort war kurz, mit grüner Tinte geschrieben, aber das Foto hätte gereicht: Leichtfertigkeit war in ihrem Gesicht. Ihre Haut war dunkel gebräunt, sie hatte kurzes, helles Haar, und die oberen Knöpfe ihrer Bluse waren geöffnet. Sie lächelte wie jemand, der auf Jobsuche ist, und am Telefon – ja, sie kenne das Felix's – sprach sie seltsam gierig und schlingend. Freitag sei prima, und zu Anfang – letzte Woche – überlegte Parker noch, ob er wirklich hingehen sollte.

Aber nun war er da, schob sich durch die Menge im Felix's und hielt nach Sharons Haar Ausschau. Sie saß in einer Ecke, wo sie von einem Mann belästigt wurde, der verschwand, als Parker anfing zu reden.

Sie sagte: »Sie sind genauso, wie ich Sie mir vorgestellt habe.«

Sie tranken etwas. Sie bat um einen Wodka, den sie Stoly nannte, und er trank noch ein Seltzer.

»Ich dachte, wir könnten vielleicht in einen Nachtclub gehen«, sagte er, »und hinterher dann woandershin.«

Er hatte das Gefühl, absolut unbeteiligt zu sein. Es waren nichts weiter als Worte. Wenn eine Frau darauf reagierte, hatte sie die Folgen zu tragen. Es war nicht, als wenn man eine Tür öffnete und »herein« sagte, es war, als wenn man sie aufschloß und der Frau sagte, die Tür sei jetzt offen. Es war dann ihre Sache, zu entscheiden, ob sie rausfinden wollte, was sich auf der anderen Seite der Tür befand.

Sharon grinste beschwipst. »Meinen Sie ein Nachtlokal oder einen Nachtclub?«

»Gibt's da einen Unterschied?«

»In dem einen ißt man, und im andern trinkt man, aber ich weiß nicht, was in welchem«, sagte sie. »Ich meine, ich war nie lange genug drin, um's rauszukriegen.«

Am Telefon, in ihrem ersten Gespräch, hatte sie gefragt: *»Was meinen Sie mit ›ungewöhnlich‹? Was meinen Sie mit ›großzügig‹?«* Und er hatte erwidert: *»Ich denke, ich meine damit das gleiche wie Sie,«* und sie hatte anzüglich gelacht.

»Ich meine, erst anhauen, dann abhauen – das ist es doch, was da gewöhnlich passiert.«

Es war etwas in ihrem Lachen, das Parker vermuten ließ, daß sie genau wußte, was sie tat. Es war ein Lachen, in dem viel Erfahrung mitschwang.

»Was haben Sie den ganzen Tag gemacht?«

»Bloß rumgegammelt«, sagte Sharon. Sie hatte kleine Brüste, winzige Hände und Augen mit Froschlidern, und als dies Gekreische in ihrem Lachen kam, sah er, daß ihre Zähne groß und ebenmäßig waren. »Rumgehangen, wegen der Hitze.«

»Leben Sie allein?«

Sie lachte laut, und wieder sah er diese Zähne.

»Sie sind heute ungefähr der Billionste Mann, der mich das fragt.«

Sie sprach locker und unaffektiert, als wären sie alte Freunde. Aber Parker hatte das Gefühl, daß es etwas anderes war – sie redete ständig mit Fremden. Sie sprach immer noch.

»Am Mittag bin ich hier rein, um mich abzukühlen«, sagte sie. »Ich komm einfach so rein, und da stehn ungefähr 'ne Million Typen an der Bar, also geh ich hier rüber und setz mich, und die Leute fangen an, mir Drinks rüberzuschicken, gleich fuffzig auf ein' Streich. Und dann machen sich alle an mich ran. Was ist bloß los mit diesen Typen? Ich wär ja gegangen, aber draußen ist es brüllend heiß, fast vierzig Grad, die Straßen schmelzen ja praktisch, und sie reden über die Dürre, nicht den Rasen sprengen, nicht baden. Ungefähr fünfhundertmal am Tag geben sie's im Radio durch. Egal, ich bin dann also doch wieder raus, weil sie sich an mich rangemacht haben ...«

Er wollte, daß sie aufhörte zu reden. »Wie wär's mit 'nem Nachtclub?« fragte er.

Sharon hatte eine Kleinmädchenart, ihre Lippen zu

verziehen und ein übertriebenes Gesicht zu machen, ehe sie redete, um zu zeigen, daß sie drüber nachdachte.

»Ich müßte mich erst umziehen«, sagte sie.

»Wir können uns hinterher umziehen«, sagte er.

Sie blickte scharf zu ihm hoch. »Was ist das, einer von diesen Vierundzwanzig-Stunden-Gigs?«

Er hob leicht die Hände, lächelte und sagte: »Das hängt ganz und gar von Ihnen ab.«

»Ja«, sagte sie und schnitt wieder ihr Kleinmädchengesicht.

Sie hätte nein sagen können. Sie hätte alles sagen können. Er hatte sie nicht gedrängt; allein die Art, wie er seine Hände hob, mußte ihr deutlich machen, daß sie die Verantwortung trug. Und darum würde sie auch die Folgen tragen müssen. Sie hatte wirklich die Verantwortung. Mit ihrem Einverständnis, sich zu treffen – mit ihrem Einverständnis zu kommen –, gab sie zu, daß sie ihn kannte. Sie war vorher schon mit fremden Männern zusammen gewesen, das war offensichtlich. Vielleicht, dachte Parker, kannte sie ihn besser als er sich selbst, was ihr eine noch größere Verantwortung auferlegte.

Als sie in das Taxi stiegen, sagte sie: »He, Ihre Schuhe gefallen mir.«

»Sie fördern die Atmung meiner Füße«, sagte er.

Sharon lachte nicht, statt dessen machte sie ein beunruhigteres Gesicht, als wenn er etwas Hirnverbranntes gesagt hätte.

»Meine beiden Füße sind genau gleich groß«, sagte er. »Das ist sehr selten.«

Die Beunruhigung stand ihr noch im Gesicht, und sie wandte sich von ihm weg, als sie wieder redete.

»So wie ich die Sache sehe, paßt beides zusammen: Wenn 'n Typ ungewöhnlich ist, muß er auch großzügig sein.«

Der Taxifahrer lachte, und Parker und Sharon sahen hoch. Aber der Schwarze lachte zu einem kleinen tragbaren Fernseher hinüber, der neben ihm schräg auf dem Beifahrersitz lehnte und in dem gerade *The Dating Game* lief.

Kapitel 2 Als Parker mit Sharon das höhlenartige Restaurant betrat, kam er an der Klimaanlage vorbei, die das gleiche Geräusch wie ein Ölbrenner machte, nur heulte sie noch viel lauter, und der Krach kam aus dem staubigen Lüftungsloch in der Wand und füllte den Raum mit stinkender Kälte. Die kalte Luft schien den Geruch nach faulenden Teppichen, Gewürzen, abgestandenem Essen, feuchtem Putz und toten Insekten zu konservieren und zu steigern.

Das Lokal hieß Scheherazade und war fast leer, doch als Parker eine kritische Bemerkung darüber machte, sagte der Kellner: »Bei uns geht's erst später richtig los. Es ist noch zu früh zum Essen.« Er klang, als wolle er Parker einen Vorwurf machen – und war das ein Akzent oder kaute er auf etwas herum?

Sharon betrachtete die Gemälde von Moscheen und Minaretten um sich herum, die Teppiche, die wie Bilder an den Wänden hingen, die Messinglampen, die Kamelsättel und -glöckchen, die Kerzenleuchter und aus irgendeinem Grund – Fischernetze mit drin verhedderten Korkschwimmern.

»Ich wette, die haben hier tolles Essen«, sagte Sharon.

Machte sie einen Witz? Sie trug noch immer ihre

Sonnenbrille, deshalb konnte Parker es nicht erkennen.

»Ich liebe chinesisches Essen. Schlürf-knirsch, schlürf-knirsch.«

Ihre Brille blitzte, während sie ihren Blick über die Bilder und Messinggegenstände wandern ließ. »Ich würde gern irgendwann mal verreisen«, sagte sie. »Nach Europa. Paris. Solche Orte.«

»Sind Sie überhaupt schon mal aus Chicago rausgekommen?«

»Nach Yucatán. Einmal. Ich würde lieber nicht drüber reden.«

Parker zuckte mit den Achseln, aber er wollte es erfahren.

»Fahr mit 'm Alkoholiker nirgends hin«, sagte sie. »Die machen dich einfach klein.«

Parker kam zu der Überzeugung, daß es Teil ihrer Dummheit war, alles ernst zu meinen, was sie sagte.

Sie redete immer noch, aber sie langweilte ihn bereits damit, wie sie in ihrem Monolog wiederholt Pausen einlegte. Sie machte ihn ungeduldig, und doch war ihr Körper klein und interessant. Er wußte, sie würde ihn erst verstehen, wenn er sie in die Mache nahm. Ob sie das zuließ, war eine andere Frage: Die Entscheidung lag bei ihr.

In dem Moment betrat eine Frau mit einer kleinen, schwarzen Reisetasche in der Hand das Restaurant. Sie war leicht außer Atem, war blaß, trug ein T-Shirt und Bluejeans. Der Mann an der Tür plauderte mit ihr. All das sah Parker im Spiegel über dem Eingang, und während er noch seine Gedanken auf sie richtete, verschwand sie wieder.

Der Kellner kam. Es war etwas Fremdländisches in der Art, wie er sich bewegte, wie er seine Finger bog, den Kopf hielt – er hatte einen Akzent im Körper. Er reichte ihnen eine dicke Speisekarte, von deren Rücken eine schwere Quaste herabbaumelte. Aber Parker sagte, sie hätten keinen Hunger, und bestellte statt dessen etwas zu trinken. Einen Wodka für Sharon, ein Glas Seltzer für sich.

In ihrer Geschichte über den Alkoholiker unterbrochen, machte Sharon sich über die gerösteten Kichererbsen in dem Schüsselchen auf dem Tisch her.

»Da haben sie Salz drangemacht«, sagte Parker. »Allein dieses eine Schüsselchen bedeutet 'ne schwere Harnverhaltung.«

Sie schnitt eine Fratze und fing dann an, sehr laut zu lachen: als habe Parker einen Wahnsinnswitz gerissen. Dann verstummte ihr Gelächter, sie hörte einfach damit auf. Sie hatte eigentlich nichts komisch gefunden, wurde wieder ernst und sagte: »Ich esse, was ich will.«

Musik – von Flöten und Trommeln, mit dem Rasseln eines Tamburins – kam aus einem Lautsprecher in der Ecke, und ein Suchscheinwerfer richtete sich auf eine Frau in einem durchsichtigen, roten Dreß, die auf Zehenspitzen in den Raum kam und nach vorn tanzte. Es war die blasse junge Frau, die er zuvor mit der schwarzen Tasche gesehen und die schüchtern mit dem Araber am Eingang geredet hatte. Aber sie war verändert, und die Verwandlung schockierte und ekelte Parker.

»Das hab ich zu diesem Typen gesagt«, sagte Sharon – zu welchem Typen? *»Ich esse, was ich will.«*

Die Tänzerin hatte vor allem schlangenartige Bewegungen drauf, schüttelte die Hüften in einer raschen Bauchtanzdrehung, und das in einem Tempo und mit einem Drall, daß man damit einen Eimer Tünche hätte mischen können. Es lag etwas Herzloses und Mechanisches darin, allein in dieser Bewegung, im Flirren ihres hauchdünnen, roten Rocks, dem Wirbeln ihrer Arme, das sie nicht nur nuttenhaft erscheinen ließ, sondern unheimlich und gefährlich.

»Wahrscheinlich ist sie aus Skokie«, sagte Sharon. »Ich weiß Bescheid, weil ich auch daher bin. Sie giert danach, flachgelegt zu werden.«

Die Bemerkung kam so plötzlich, daß Parker sich fragte, ob Sharon schlagfertig war, aber er entschied: Nein – sie war wahrscheinlich nur boshaft. Und was ging sie das überhaupt an? Sie redete wieder von dem Mann, und ihre Geschichte vermischte sich mit der Musik.

»Er hat mir ungefähr hundert Drinks spendiert, und dann sind wir in seinen Wagen gestiegen. Der war riesig, ungefähr fuffzehn Meter lang, wie eine von diesen Stretchlimousinen, und die Leute guckten mich an – wer ist die denn? Ich konnte sie fast hören.

Und dann sind wir ungefähr neunhundert Meilen gefahren. Ich meine, der Ort, wo er wohnte, lag 'ne Ewigkeit hinter O'Hare ...«

Die Tänzerin konnte tatsächlich aus Skokie sein. Sie war keine Araberin, sie war nicht sehr jung, sie war mager. Sie trug Kettchen an Hand- und Fußgelenken, war barfuß und klingelte mit kleinen Zimbeln an ihren Fingern. Sie wußte ganz genau, was sie tat. Sie kam nahe an den Tisch heran, bewegte nicht den Kopf, fixierte Parker mit ihrem Schlangenbeschwörergefunkel – ihre Wimperntusche war klumpig – und schüttelte ihr hektisches Becken dabei in seine Richtung. Sie lächelte nicht, sie schien sich ihrer sehr sicher zu sein und zu denken: *Ich schieb dir das hier entgegen, und du möchtest danach grapschen.* Er haßte sie, und er haßte es, ein Mann zu sein.

»Ein hübsches Kostüm«, sagte Sharon. »Die sind teuer, die sind importiert. Das kann man sehen.«

Sie schien es haben zu wollen, und wenn sie es hätte, würde sie es anziehen und das gleiche machen. Sie hatte es auch mit dem Mann getan, der mit ihr in seinem großen Wagen bis hinter O'Hare gefahren war.

»Als wir bei ihm ankamen und er anfing, sich über mich herzumachen, hab ich: ›Laß den Quatsch‹ gesagt, aber hat er gehört? ›Wozu bist du denn dann mitgekommen?‹ Ich guck ihn bloß an. Ich sage: ›Ich dachte, du achtest mich.‹«

Parker lachte wütend, wobei er an Sharon vorbei zu

der mageren, blassen Frau hinübersah, die mit ihren Hüften wackelte. Die Schrei-Musik schepperte in der Luft. Parker lachte auch noch, als Sharon mit ihrer Geschichte fortfuhr, und er bemerkte, daß die Musik die Grausamkeit seines Gelächters erstickt hatte: Sharon sah wahrscheinlich nichts weiter als seinen offenen Mund.

»Wir sind da in so 'm Zimmer mit 'm Bett drin – das ist ungefähr fuffzehn Meter breit. Und 'n Teppich, so dick, daß ich praktisch bis zur Taille drin einsinke. Er gießt mir 'n Drink ein – so 'n riesiggroßes Glas, wo ungefähr 'ne ganze Flasche Stoly reingeht, und die ganze Zeit rennt er mir überallhin nach ...«

»Und Sie hatten keine Ahnung, was er wollte?« fragte Parker.

Die Bauchtänzerin lief jetzt ebenfalls im Lokal herum, wobei sie sich im Gehen schüttelte, die Arme verrenkte und Finger und Schultern bewegte. Sie näherte sich ein paar Männern an einem anderen Tisch und stülpte die Lippen vor, die sich rot verfärbten: Sie trug Armreifen an ihren Bizepsen, sie starrte die Männer an. Ihr Kostüm sollte Männer erregen, und doch wich sie jedesmal zurück, wenn sich einer vorbeugte. Sie war zu schnell, als daß jemand sie hätte streicheln können – aber nicht schnell genug, um zu vermeiden, daß man sie einfing und ihr weh tat.

Sharon sagte: »Er fing an, frech zu werden. Verstehen Sie – Sprüche zu machen. Er ging mir auf den Sender. Machte mir immer noch Avancen.«

»Sie standen da also nachts in diesem Zimmer, hatten Ihr Haar, wie Sie's jetzt haben, und einen Drink in der Hand.«

»Na und?« fragte Sharon. Es war das erste Anzeichen ihres Trotzes. Dann lächelte sie und machte ein triumphierendes Gesicht. »Er war eine Niete, und ich sagte ihm, er soll mich nach Hause fahren. Immerhin hat er's getan.«

Die Bauchtänzerin kam auf ihrer Runde wieder zu ihnen zurück, und ein Mann stopfte ihr einen Fünfdollarschein hinter den Bund ihres durchsichtigen Rockes, ein anderer klemmte ihr was in den BH. Die Geldscheine stachen dunkel gegen ihre Haut ab, vor allem die Ecken. Sie war jetzt nahe bei Parker und provozierte ihn dazu, sie anzusehen. Parker warf ihr einen dermaßen drohenden Blick zu – so haßerfüllt und ätzend –, daß sie zu erbeben schien, als sie weitertanzte, und Parker wandte sich wieder Sharon zu, die ganz offenbar immer noch über diesen Mann nachdachte, den sie da an der Nase herumgeführt hatte.

Die Tänzerin war verschwunden, aber die Musik lief noch, als Parker sagte: »An der Northwestern habe ich 'ner Verbindung angehört. Jeden Samstagabend brachte da ein Bursche 'n anderes Mädchen die Treppe rauf in sein Zimmer. Und wir sahen immer aus der Küche zu. Wir hatten keine Mädchen, und wir waren wahnsinnig neidisch auf den Kerl. Ungefähr nach 'ner Stunde, manchmal mehr, kam das Mädchen dann aus dem Zimmer, bleich und irgendwie verträumt und zerfleddert, und der Bursche hinter ihr, die Augen starr geradeaus, um sie nach Hause zu bringen. Die Leute kriegen 'n bestimmten Ausdruck in die Augen, wenn sie's wirklich miteinander gehabt haben, 'ne Art geistesabwesenden, leeren Blick, als wären sie von 'nem Messer durchbohrt worden. Völlig weg. In der folgenden Woche war's wieder irgend 'ne andere, aber der gleiche Blick hinterher.«

»Einige Typen haben den Dreh raus«, sagte Sharon. »Aber manche Mädels fordern's auch raus.«

»Genau das haben wir rauszukriegen versucht«, sagte Parker. »Einmal haben wir ein Tonbandgerät unter das Bett in seinem Zimmer gestellt. Hab ich erwähnt, daß er Pole war? Aber das ist nicht wichtig. Er brachte ein Mädchen nach oben. Sie sahen immer so unschuldig aus. Ungefähr nach 'ner Stunde gingen sie wieder, und sie hatte diesen Blick, aber noch mehr als früher, funkelnd vor Sex und umnebelt, weil sie's noch mal und noch mal gehabt hatte – ihre Augen waren blank und erschöpft, als hätte sie Fieber.«

»Und was war mit dem Tonbandgerät?«

»Kaum waren sie weg, haben wir uns reingeschlichen, es uns geholt und auf den Boden gebracht, um es uns anzuhören. Es war wirklich merkwürdig. Zuerst waren keine Stimmen drauf. Dann hörten wir Seufzer, Grunzen und Geflüster. Das Mädchen wurde offenbar eisern festgehalten – ich stellte mir vor, daß er ihr den Arm auf den Rücken drehte, denn man hörte ihn sagen: ›Zieh dich aus und komm mir ja nicht auf die Idee zu schreien, sonst brech ich dir die Arme, ich quetsch dir den Kopf ab‹ – das Mädchen wimmerte – ›ich zerschneide dir das Gesicht, daß dich keiner mehr ansieht.‹ Dann hörte man keine Stimmen mehr. Die Frau sagte nicht ja, sie atmete nur heftig wie jemand, der versengt wird, 'ne Art Erstaunen und ein Schock, ein entsetztes Keuchen.«

»Vielleicht hatte er sie gefesselt«, sagte Sharon hoffnungsvoll.

»Wahrscheinlich sehr stramm«, sagte Parker. »Wir hörten das Bett. Wir hörten das Gezappel und das Atmen. Es ging lange so weiter, auch mit stillen Pausen dazwischen. Dann wieder das Keuchen, Tierlaute. Nach einer langen Zeit hörten wir die Tür ins Schloß fallen, und es war vorbei.«

Sharon starrte Parker mit leicht geöffneten Lippen an – war das ein Lächeln? Sie ergriff seine Hand. Ihre Finger waren weich und feucht und sehr klein. Sie zog seine Hand unter den Tisch, über ihre Schenkel und ließ ihn am Saum ihres Rockes herumtasten.

»Berühre mich«, sagte sie, öffnete die Beine und half ihm.

Es war, als streiche er über die Öffnung einer großen, frischen Wunde, einer Stichverletzung, die ihr gerade zugefügt worden war, und es dauerte einen Augenblick, bis er überzeugt war, daß er ihr nicht weh tat, daß sie nicht blutete.

»Möchtest du gehen?« fragte er.

»Was für eine Frage.«

»Beantworte sie«, sagte er, und auch mit seiner Hand erkundigte er sich.

Sharon lächelte erneut, packte seine Hand, hob sie hoch und leckte die Feuchtigkeit von seinen Fingern.

Er hatte Angst um sie. Er entschuldigte sich und ging auf die Herrentoilette, um Zeit zu gewinnen. Er wollte aber nicht, daß es so aussah, als lungere er dort nur herum, und so ging er hinaus und blieb eine Weile im Vorraum, wo ein Spiegel hing. Er sah zu seinen Füßen die schwarze Reisetasche und – in der Nähe der Küche – die Bauchtänzerin in ihrer Straßenkleidung, dem T-Shirt und den Bluejeans.

Er sagte sich, daß er die Tasche nahm, um der Frau einen Gefallen zu tun. Sie wußte nicht, wie gefährlich es war, diese Sachen zu tragen: Womöglich rettete er ihr das Leben. Er fand Sharon in der Dunkelheit des Restaurants, und sie stand auf, voller Eifer, das Lokal zu verlassen.

»South Blue Island Avenue, gleich an der Throop«, sagte sie dem Taxichauffeur, und als sie die Tasche in Parkers Hand sah: »Was ist das denn?«

»Alte Kleider«, sagte er. Das kam so rasch, daß sie nicht weiter fragte.

»Gott, ist mir heiß«, sagte sie, als sie sich zu ihm herumdrehte.

Er hatte das noch nie eine Frau sagen hören, ohne sich vorzustellen, sie meine etwas anderes: eine plumpe, primitive Anzüglichkeit.

Ihr Blick war noch immer auf ihn gerichtet. »Ungewöhnlich, großzügig«, sagte sie, als spreche sie eine Formel aus, die irgendwie ihre Beziehung beschrieb, aber sie klang zaghaft, sie probierte die Worte an ihm aus, um zu sehen, ob er sie bestritt.

»Das ist das erste Mal, daß ich eine Kontaktanzeige in die Zeitung gesetzt habe«, sagte er.

»Und es ist das erste Mal, daß ich mich auf eine gemeldet habe.«

Sie wußten beide, daß sie logen, und die Lüge beruhigte ihn und ließ ihn eine verschwörerische Beziehung zu ihr spüren.

»Ich habe meine Grundsätze«, sagte sie. »Willst du meine Grundsätze wissen?«

Parker dachte: Sie weiß alles. Sie will, daß es geschieht. Sie läßt es geschehen.

»Keine Drogen«, sagte sie. »Keine Waffen. Keine anderen Leute.«

Sie sah ihn an mit diesem Trotz im Blick, den er schon früher bemerkt hatte.

»Keine Tiere«, sagte sie.

Dann lächelte sie.

»Keine anderen Tiere«, sagte sie.

Die Großstadtlichter blendeten ihn in dem Taxi, das die Blue Island Avenue in Richtung von Sharons Wohnung hinunterraste – »Hab keine zu großen Erwartungen«, sagte sie, aber sie lächelte, und er dachte. *Sie spielt mit.*

Er hätte gern gewußt, warum sie lächelte. *Ich tue nichts weiter, als daß ich das hier geschehen lasse,* sagte er sich.

Vor ihrem Haus bemerkte er zwei Dinge an ihr: daß sie betrunken war und daß sie leicht hinkte. Sie war sich ihrer selbst nicht bewußt genug, um zu bemerken, daß sie in einem entsetzlichen Viertel wohnte, und er war froh, daß sie offenbar nicht wußte, wie elend das Haus aussah. Er hatte das starke Gefühl, daß sie nicht wußte, wer er war. Er war ein Mann, nichts weiter, wie der Mann in ihrer Geschichte, wie der Mann in seiner – eher jetzt wie die Männer in diesen Geschichten, als der, der die Kontaktanzeige in den *Reader* gesetzt hatte. Das war jetzt sowieso nur noch ein Witz, und sie durften nicht mehr drüber reden, weil sie beide dabei gelogen hatten.

Auf der Treppe sagte sie mehrmals: »Also du bleibst 'ne Weile?«

Ihm wurde klar, daß sie von der Reisetasche redete, die er aus dem Restaurant mitgenommen hatte. Er hoffte, daß sie nicht leer war – sie fühlte sich so leicht an.

Sie schloß auf – drei verschiedene Schlösser –, und dann stieß sie die Tür auf. Die Hitze des Tages von Sonnenaufgang bis zur Abenddämmerung lagerte wie die Ernte des Tageslichts in der Wohnung: seichte, abgestandene Hitze und der Geruch von Kaffee, das Brummen eines Kühlschranks, die durch Backstein und Glas gefilterten Straßengeräusche, eine billige Uhr, ihr unsicheres Ticktack; und alles zugleich – so klein war die Wohnung.

»'n Drink?« fragte sie.

»Ich hab genug«, sagte er. Er hatte nichts getrunken.

»Ich nicht«, sagte sie. Sie setzte sich zwischen mexikanische Souvenirs – bemalte Kerzenhalter aus Ton, eine schreiend bunte *piñata* und eine blaue Strohmatte zu ihren Füßen.

Sie goß sich ein Glas Tequila ein, und er setzte sich und wartete, daß sie trank. Einen Moment später war das Glas leer. Wie hatte sie es nur so schnell ausgetrunken? Die Zeit schien in Sprüngen zu vergehen. Wie kam es, daß die Leute Gifte in sich reinfutterten: Fette, Salze, Öle, Eidotter, Chemikalien und verbotene Farbstoffe. Es war ein Weg, aufsässig zu sein, aber wußten sie, daß sie sich damit umbrachten? Irgendwann sagte Sharon: »Willst du schon nach nebenan?« Sie meinte das Schlafzimmer, das wußte er, aber warum sagte sie es nicht?

Statt eine Antwort zu geben, machte er die Reisetasche auf. Ihr entquoll ein Blitz in Rot, ein Funkeln aus Goldfäden, mit denen der Stoff durchwirkt war, ein Flattern loser Fransen: das Kostüm der Bauchtänzerin. Ohne einen menschlichen Körper darin war es sehr klein.

»Was ist das denn?« Sie lächelte dem Glitzern zu, langte danach und hielt es in die Höhe. Es war hauchdünn, er konnte ihr Gesicht durch es hindurch sehen.

»Möchtest du's anziehen?«

Sie lachte. »Das hab ich schon lange nicht mehr gehört: ›Möchtest du's *an*ziehen?‹« Sie sagte es, als gebe es nichts, was sie sich mehr wünschte.

Dann begann sie sich auszuziehen, direkt vor seiner Nase. Er hatte es immer gehaßt zu sehen, wie eine Frau sich auszog, all die linkischen Streck- und Beugehaltungen, und sie war noch plumper als viele andere, die er gesehen hatte. Sie bückte sich und lief mit krummen Schultern und hängendem Kopf herum, und ihre Kleider knitterten und schrumpelten: Was ihren Leib enthalten hatte, war plötzlich nichts weiter als ein dünnes Stück formlos zerknüllter Stoff. Man konnte alle ihre Kleider in einer Hand halten, sie zu einem Knäuel zusammenpressen, in die Tasche stecken und gehen.

»Bitte, nicht hier«, sagte er.

Sie hatte sich gerade gebückt – ein entenhafter, plattfüßiger Anblick, als sie aus ihrem Rock stieg –, und dann hob sie den Rock auf, raffte das Kostüm zusammen und sah aus wie eine Frau in einem Kaufhaus, die mit einem Arm voller zerknitterter Kleider von einem Raum zum anderen läuft.

Ihr hinkender, leicht seitlicher Gang ließ ihn auf zwei gegensätzliche Gedanken kommen. Ich könnte sie umstoßen, war der eine und der andere: Ich könnte sie beschützen. Aber warum – wenn sie so schwach war – hatte sie ihn hierher eingeladen? Warum hatte sie: »*Berühre mich*«, gesagt und seine

Hand nach unten gezogen, warum hatte sie sich auf diese provozierende Anzeige im *Reader* gemeldet? Mit seiner Geschichte von dem Verbindungshaus hatte er sie zu warnen versucht, aber es hatte sie nur erregt: »*Berühre mich.*«

Er hatte bereits begonnen, sich über sie zu ärgern, weil sich allein dadurch, daß er hier war, sein ganzes Leben ändern würde. Er fühlte es. Er fühlte auch, daß er keine Ahnung hatte, was als nächstes geschehen würde. Er hatte eingewilligt, mit zu ihr zu fahren. Sie trug die Verantwortung. Für alles, was in dieser kleinen Wohnung geschah, trug sie jetzt die Verantwortung: Er war nur ein Instrument, das tat, was sie verlangte. Sie hatte ihn eingeladen.

»*Sie sind genauso, wie ich Sie mir vorgestellt habe*«, hatte sie gesagt. Sie wußte genau, was sie tat.

»Bis gleich«, sagte sie. Sie ging aus dem Zimmer, und es war, als ginge sie für immer.

Parker dachte: Ich könnte frei sein. Ich könnte gehen – einfach dieses Haus verlassen und nach Hause fahren, und dann wäre es vorbei. Ich würde sie nie wiedersehen. Sie weiß nichts weiter als meine Postfachnummer. Er überlegte sich ernsthaft, warum er sitzen blieb, nahm seinen ganzen Willen zusammen und stand auf, um zur Tür zu gehen.

»Hier drin«, sagte sie mit tückisch-unschuldiger Stimme aus dem Nachbarzimmer, und in diesem Augenblick – weil sie ihn zum Bleiben aufforderte – haßte er sie.

Sie kam auf ihn zu, als er das Zimmer betrat, und dieser Schritt, diese Bewegung ihres schwächeren Beines, setzte sich in einer langsamen, wellenförmigen Kräuselung durch ihren Körper fort.

Sie trug einen roten BH, das durchsichtige, schleierartige Umhängetuch und hauchdünne, enganliegende Hosen. Sie war etwas dicker und fleischiger als die Bauchtänzerin, und dadurch wirkte sie körperhafter und gieriger. Sie winkte ihn heran, und als einziger Laut war das simple Geklingel ihrer Silberarmbänder zu hören.

Die Furcht, die Parker empfand, saß ihm wie ein Knäuel in der Kehle, das ihn hinderte, sie darum zu bitten aufzuhören – zu ihrem eigenen Nutzen und damit er atmen konnte.

Sie lächelte und wiegte sich stümperhaft, was besonders schlimm war, da sie außerstande war, ihre Absichten zu verbergen. Er wußte, sie wollte ihn reinlegen und den verrückten Kaputtmacher in ihm wecken, und wenn es ihr gelänge – und sie versuchte es bewußt –, würde sie sich mit den Folgen selbst auseinandersetzen müssen. Sie trug absolut die Verantwortung dafür.

Ihre Hüften bewegten sich in einem langsamen Kreis, während sie auf ihn zugewatschelt kam und er ganz kurz ihre schmutzigen Fußsohlen sah. Ihr Körper hatte Logik – Instinkt, Ausdruck und Absicht, war nicht beredt, aber sichtlich eigennützig und fordernd –, während ihre Hüften kreisten und wippten, als spulten sie ihn ein. Ihr Oberkörper und ihr Kopf blieben aufrecht und beherrscht.

Die ganze Wirkung hätte immer noch arabisch und rätselvoll sein können, hätte sie nicht dieses skrupellose Gesicht gehabt. Es war nicht die Maske der schwarzhaarigen Frau mit den Froschlidern und der schmalen Nase aus dem Scheherazade. Es war das Gesicht einer teuflischen kleinen Kokotte. War ihr nicht klar, daß sie sich in Gefahr begab, wenn sie ihn auf diesen Weg lockte, ihn provozierte und hänselte, wie sie es wahrscheinlich mit dem Mann in Yucatán gemacht hatte, den sie schließlich auch noch eine Niete genannt hatte. All das sah man in ihren Augen und an ihrem Mund, ihrer Gier und ihrer dummen Gerissenheit, wie bei diesen kleinen Mädchen – Nichten, den Kindern von Freunden, den Bälgern in den Parks, die ihre kleinen Knubbelfinger auf eine Schlange legten und sagten: *Sieh mich an.*

»Gefällt dir mein Dreß?« fragte sie.

Parker stellte sich vor, daß er sagte: *Sei ganz vorsichtig, oder du kommst zu Schaden. Du meinst, du kannst mit mir machen, was du willst, aber wenn du zu weit gehst, wirst du's bereuen, und du kommst nie wieder zurück.*

Er haßte diesen warnenden und moralisierenden Ton. Sich so etwas auch nur still für sich zu sagen, brachte ihn auf. Und sie wußte es sowieso – und nur weil sie es wußte, tanzte sie um ihn herum.

»Hör auf«, sagte er, denn diese kurze Warnung bildete das Zentrum seiner ganzen besorgten Moralpredigt.

Als sie ihn so ernst sah, mußte sie lächeln und tanzte schneller, offenbar bekam sie den Dreh raus. Es war eine Erregung in ihr, die dadurch, daß er sie so mißmutig ansah, nur noch heftiger wurde. Ebenso mißmutig hatte er das Essen angesehen, das ihn so anwiderte – Fleisch und Fett und Salz und Farbstoffe, die aus Teer hergestellt wurden.

Er schnappte nach ihr, griff daneben, und sie lachte, als sie sah, wie er schwankte und beinahe umfiel. Er fand sein Gleichgewicht wieder und drehte sich schnell um. Sie tanzte immer noch. Schließlich hielt er sie auf, indem er sie fest gegen die Wand drückte und ihr die Arme festhielt, wobei er einen Stuhl umwarf, an dessen Unterseite angetrockneter Kaugummi klebte.

Ihre glänzenden Augen hefteten sich auf ihn, ohne zu blinzeln. »Was wirst du jetzt mit mir machen?«

Er konnte nicht sprechen. Er wußte es nicht. Er wollte, daß sie sich aus seinem Griff befreite, aber sie wehrte sich kaum. Sie ließ ihn weitermachen und beugte sich ihm entgegen, wobei sie ihn leicht mit ihren Brüsten streifte, als sie erneut redete.

»Du tust mir an den Handgelenken weh«, sagte sie. Es war keine Klage, eher ein verwundertes Flüstern, und sie öffnete die Lippen, als er fester zugriff.

Parker hielt sie noch immer gegen die Wand gepreßt – er lockerte den Griff, um sich auszuruhen, und trotzdem rührte sie sich nicht: Sie blieb so stehen, als sei sie in die Falle gegangen.

»Du könntest alles mit mir machen«, sagte sie irgendwie neugierig und verwundert, als sei sie von dem Wort *alles* fasziniert und versuche, ihm eine genauere Bedeutung zu geben. »Ich kann mich nicht bewegen. Du bist 'ne Milliardemal stärker als ich.«

»Laß mich in Frieden«, sagte er. *Laß mich in Frieden!* Schon, als er es sagte, erkannte er, wie absurd es war, was er da vor sich hin murmelte: als hielte sie *ihn* gegen die Wand gepreßt.

Aber so erschien es ihm – als habe sie *ihn* in die Enge getrieben, genauso fühlte er sich. Und wenn sie lachte, hörte sie sich stark an. Ihm fehlten die Worte, um ihr eine Antwort zu geben – er stammelte, und dann schlug er sie unbeholfen.

»Hat nicht weh getan«, sagte sie mit ihrer leisen, hänselnden Stimme.

Er packte sie von neuem bei den Handgelenken, als sie näher kam und sich ihm darzubieten schien. Sie waren fahlweiß und rosa, wo er vorher zugedrückt hatte, und ihr feuchtes Gesicht leuchtete voll gieriger Erwartung. Er zerrte ihre Hände gegen ihren Körper, drückte ihr damit die Brüste zusammen und verhedderte ihre Finger in der Seide und den roten Fransen des Bauchtanzkostüms.

Ihr Blick verhöhnte ihn – sie sah seine Unentschlossenheit: Er wußte nicht, was er tun sollte. Immer noch wollte er, daß sie sich gewaltsam befreite.

Er hielt sie nicht sehr fest – warum kämpfte sie nicht? Sie machte mit, sie versuchte ihm zu helfen.

»Besser, wenn du mich nicht fesselst«, sagte sie.

Und dieses Gesicht. Sie sprach Worte, wie sie ein Kind gesagt haben würde, dachte er – sie meinte sie nicht so, sie half ihm beim Denken, sie machte einen Vorschlag.

Sie verlor das Gleichgewicht, und Parker richtete den Stuhl auf, den er umgekippt hatte. Er ließ sie sich draufsetzen, indem er so tat, als sei er brutal, aber gleichzeitig fürchtete er, ihr weh zu tun. Sie lächelte und langte hinter sich, als wollte sie ihm zeigen, wie sie gefesselt werden konnte. Diese Geste, ihre nach hinten gestreckten Arme, drückte ihr Gesicht und ihre Brüste nach vorn. Sie hielt ihn scharf im Auge – die ganze Zeit mit der gleichen Erregung, dem gleichen leuchtenden, schamlosen Blick.

Er gehorchte. Er benutzte die Reizwäsche, die sie ausgezogen hatte, und knotete sie ihr um die Hand- und Fußgelenke. Er tat, wie ihm befohlen. Er hatte ihr gehorcht, seit sie im Scheherazade seine Hand ergriffen und »*Berühre mich*« gesagt hatte. Da hatte er ihre frische, feuchte Wunde berührt, und seine Finger gruben sich in sie hinein.

»Nicht zu fest«, sagte sie.

Er meinte, das heiße *fester* und gehorchte. Sie machte sich steif und versuchte freizukommen.

Sie stöhnte, und der Laut stieg tief aus ihrer Kehle auf – er konnte ihn nicht als Schmerz oder Freude deuten. Sie blieb reglos, als sie ihn erneut ausstieß. Es gab nur diesen Laut und ihren stillen Körper in dem Bauchtanzkostüm.

Jetzt stand Parker über sie gebeugt. Er wußte nicht, wie anfangen, und er hatte das Gefühl, daß er der Hilflose war und sie die Gewalt über ihn hatte – daß er derjenige war, der gefesselt und unbeweglich war.

Ihr kleines, aufwärts gerichtetes Gesicht auf Höhe seiner Taille war wieder wie das eines Kindes. Ihre Augen hatten nicht von ihm abgelassen, noch immer lächelten sie über seine Verwirrung.

»Besser, du beißt mich nicht.«

Erst da fiel er auf die Knie. Sie neigte ihren Kopf nach hinten und bewegte ihre Lippen, um seinen Kuß zu empfangen. Aber er überraschte sie – wieder drang dieses Stöhnen aus ihrer Kehle –, als er sein Gesicht in die Haut und die Knochen ihres Halses grub, und während der Duft ihrer weichen Brüste ihm das Gesicht wärmte, entblößte er seine Zähne und begann.

Kapitel 3 Er lag apathisch im Bett wie unter lauter zerbrochenen Gegenständen – einem Wirrwarr dunkler Bruchstücke, die seinen Kopf in einen Schlaf drückten, der nichts als Finsternis und Unordnung war.

Dann erwachte er von einem lauten Knistern und Knacken, als zerbrächen Knochen in der Nähe, als werde altes Korbwerk zerquetscht, und da war ein Flattern wie von Fahnen, die in einer steifen Brise knatterten. Es war Feuer. Er erhob sich und sah den grellen Lichtschein, die vulgäre Farbe, die den Fernsehschirm am Ende des Bettes füllten.

Seines eigenen Bettes: Er war zu Hause, er war in Sicherheit, während er durch den unbeweglichen Teich aus Schlaf aufstieg und an die Oberfläche kam – heller Tag auf den weißen Vorhängen. Seine Erinnerung versank und ertrank in all dem Sonnenlicht.

»... *eine Hubschrauberaufnahme von den Waldbränden, die außer Kontrolle geraten sind und den Yellowstone Nationalpark verwüsten – eine Umwelttragödie, sagen Fachleute. Besteht noch irgendwelche Hoffnung, oder ist es bereits zu spät, um den Park vor der praktischen Vernichtung zu bewahren?*«

»He, es ist nie zu spät, Bryant«, sagte Parker mit klarer Stimme.

Und Barbara setzte sich auf und lachte.

»Trotzdem können wir unseren Ausflug nach Yellowstone streichen, Liebling. Das Ganze sieht aus wie ein Grillplatz.«

»Du bist so gefühllos«, sagte Barbara, aber sie lachte immer noch.

»Mein Name ist Bryant Gumbel, und Sie sehen ›Heute‹, am Dienstag, dem siebten Juni neunzehnhundertachtundachtzig. Zuerst die Nachrichten mit John Palmer. John?«

»Danke, Bryant ...«

Parker sah wieder auf die Mattscheibe: Das Feuer brannte noch immer, und Feuerwehrleute mit rußigen Gesichtern zerrten Schläuche durch den Rauch.

»Denen macht's Spaß«, sagte er.

Barbara schlug die Bettdecke zurück und hob die Beine aus dem Bett.

»Ich habe noch nie eine Feuerwehrfrau gesehen«, sagte Parker. »Ich habe noch nie eine Frau an einem Schuhputzstand arbeiten sehen oder eine Schiffskapitänin.« Und er langte nach unten, schnappte sich Barbaras Langhaarperücke vom Boden und drückte sie sich auf den Kopf. Als er sich zu Barbara umdrehte, sagte er: »Refft das Hauptsegel, ihr Schwuchteln!«

»Ich höre das Baby«, sagte Barbara.

»Aber der beste Haarschnitt, den ich je hatte, war von dieser Friseuse drüben an der Erie hinter dem Veteranenkrankenhaus. Keine Frage, und sie hat's aus dem Effeff beherrscht. Die wußte, wie man mit einem Mörderrasiermesser rasiert.«

Parker meinte es ernst, hatte aber noch immer die seidige Perücke auf dem Kopf, und Barbara lachte über den grotesken Anblick.

»Du bist unglaublich«, sagte sie und ging aus dem Schlafzimmer.

»... und Mrs. Minnette Frayne aus Hurlburt in Kentucky wird heute einhundert Jahre alt. Dorothy Betts aus Madison im herrlichen Staat Wisconsin wird einhundertzwei. Gott segne die beiden. Und auch Ihnen allen herzliche Glückwünsche zum Geburtstag, und alles Gute zum fünfzigsten Geburtstag auch dem Nahrungswissenschaftlichen Institut der Cleveland University, das mir diesen tollen Pound Cake geschickt hat – er wiegt ungefähr zehn Pfund, und ich werde das Ding besser nach der Sendung essen. Nun aber Schluß damit...«

Barbara kam mit dem Kleinen auf dem Arm ins Zimmer, und Parker fiel auf, wie formlos und winzig das Kind war.

»Nimm die Perücke ab, Liebling. Sonst dreht er durch.«

Aber Parker behielt sie auf und sagte: »Hallo, Pupu, komm zu Papa.«

Als das Baby ihn sah, krümmte es seinen winzigen Finger, und etwas in seinem Gesichtchen verzog und verquetschte ihm den Mund, und es begann mit erbitterter Kraft zu schreien. Parker streifte die

Perücke ab und zog Barbara dicht an sich. Er fühlte sich ihr nie näher, als wenn sie ihn im Arm hielt und das Baby leise neben ihr wimmerte, alle drei zusammen im Bett.

»Eigentlich solltest du die nicht sehen«, sagte Barbara.

Sie nahm die Perücke vom Kopfkissen und warf sie auf einen Stuhl, wo sie wirr auseinanderfiel – es war etwas Schlimmeres als Unordnung: Eine Perücke allein für sich ließ einen immer an Gewalt denken, empfand Parker.

»...so daß, falls die Umfragen zutreffen, dem Vizepräsidenten durch die Aussagen bereits sehr schwerer Schaden zugefügt worden ist...«

Barbara sagte: »Ich habe sie für Freitag gekauft«, und ließ es einen Moment wirken. »Hast du's vergessen?«

Es dauerte einen Augenblick, bis Parker verstand, was sie meinte, und dann fiel ihm die Verabredung von vor Monaten wieder ein, als Barbara gesagt hatte: »Sobald wir Eddie einen Babysitter zumuten können, machen wir 'ne feste Verabredung.«

»Ich hab's nicht vergessen«, sagte er. »Aber warum hast du sie dann im Schlafzimmer rumliegen lassen?«

»Schimpf nicht. Du hast gestern gesagt, du würdest wahrscheinlich über Nacht nicht nach Hause kommen«, sagte Barbara. »Ich hab mich gewundert, als du ins Bett gekrochen bist. Wie spät war's – halb zwei? Zwei?«

»Oh, ja. Ich war früh fertig.« Fertig *womit*? In seinem Kopf herrschte völlige Leere. »Und ich habe noch einen Zug gekriegt. Ich wollte mit dir und Eddie aufwachen.«

Das Baby nuckelte am Saum des geblümten Kopfkissenbezugs.

»Das freut mich«, sagte Barbara. »Und um es dir zu beweisen, bringe ich dir das Frühstück ans Bett.« Sie hob das Baby hoch, stand auf und stolperte, als sie losgehen wollte, über Parkers Schuhe. Sie fluchte leise: »Neue Schuhe.«

»Ja. Damit meine Füße atmen können.«

»Daddy ist so ein dummer Mensch«, sagte Barbara beim Hinausgehen zu dem Baby.

Auf dem Bildschirm war ein Mann mit Schnurrbart zu sehen. Er trug eine zerknitterte Armeeuniform und sprach wütend auf einen Reporter ein. Und dann sah man Szenen von einer lauten, rauchenden Schlacht in einer Gegend, die nach Parkers Meinung in Mittelamerika lag.

»...und wiederholt feindliche Einfälle über die Grenze...«

Aber große Teile des Interviews gingen in Gewehrfeuer, Geschrei und im Gekrächz von Kampfhubschraubern unter. Ein Verwundeter auf einer Trage mit einem blutigen Verband ums Bein wurde von Männern, die sich bewegten wie Sargträger, die's eilig haben, über ein Feld zu einem Jeep gerumpelt.

»Was ist das?« fragte Barbara, wartete aber keine

Antwort ab. Sie hielt ein Tablett in Händen: Parkers Frühstück. Es bestand aus einer Tasse Postum, Haferbrei, einer Banane und einem Schüsselchen mit kleingeschnittenem Apfel.

»Es geht darum«, sagte Parker und setzte ein Lächeln auf, »sämtliche Gifte aus dem Körper rauszubekommen. Siehste, das alles hier verbrennt restlos. Lösliche Faserstoffe.«

»Gib mir erst einen Kuß«, sagte Barbara.

Doch Parker hatte sich senkrecht aufgesetzt und fummelte mit unerwarteter Hastigkeit an der Fernbedienung herum.

»Was hast du denn damit vor?«

»Dieses gottverdammte Mistding…«

»*…gleich wieder da. Sie sehen ›Heute‹…*«

»Das wollen wir nicht sehen«, sagte Parker aufgebracht, und im selben Moment, als die Skyline von Chicago und der Nachrichtensprecher von »Dateline Chicago« erschien, wurde der Bildschirm dunkel.

»Das hättest du nicht tun sollen, Liebling.«

»Er hat uns angestarrt«, sagte Parker.

Barbara lachte und sagte: »Das waren die Nachrichten und das Wetter für Chicago!«

»Keine Sorge«, sagte Parker, »es wird wieder ein wunderschöner Tag.«

Auf dem Weg zum Bahnhof Davis Street kam sie wieder auf das Wetter zu sprechen. Sie war eine schöne Frau, aber wenn sie etwas wiederholte – und beim Wetter war's jetzt das dritte Mal –, wurde ihr Gesicht starr und verbissen, und ein älterer Gefühlsausdruck verfestigte sich darin. Parker betrachtete oft Fotos von ihr und dachte: Wenn sie jemand mit dieser blasierten North-Shore-Schmetterstimme reden hörte, würde er nicht glauben, daß sie so schön ist.

»Falls es regnet, wird der Verkehr fürchterlich«, sagte Barbara.

»Es wird nicht regnen. Das ist ein Versprechen. Soll dieser Typ denn gut sein?«

»Jakes ist phantastisch, und in der Mapplethorpe-Ausstellung hängen massenhaft tolle Sachen. Es ist aufregend...«

Das war eine andere Eigenheit von ihr: Wenn sie fuhr, schien ihr kaum bewußt zu sein, was sie sagte, und sie hörte selten zu.

Nur wenn sie unaufmerksam war, benutzte sie Wörter wie »phantastisch« und »aufregend«.

»Solange es eine Ausstellung gibt, zu der man gehen kann – das ist es, worauf's ankommt.«

»Und hinterher trinken wir ein Glas mit ihm«, sagte Barbara. »Er soll ja sehr auf Leder stehen.«

»Solange er uns kennenlernen möchte«, sagte Parker. »Das ist es, was wirklich zählt.«

An einer roten Ampel sagte Barbara: »Ich weiß nicht, ob du dich lustig machst oder nicht.«

»Ich mache mich nicht lustig«, sagte Parker. »Es ist was zum Sich-drauf-Freuen. Wie sieht's mit morgen abend aus?«

»Da bringe ich das Baby zu Mutter.«

»Und Freitag habe ich eine Verabredung.«

»Na klar.« Und sie hielt am Bahnhof Evanston.

Als er sie küssen wollte, drehte sie den Kopf zur Seite und hielt ihm die Wange hin wie eine entfernte Bekannte. Man mußte sich das in Erinnerung rufen: daß sie sich nicht gern den Lippenstift verschmierte, daß eine Umarmung sie darüber jammern ließ, daß man ihr die Bluse zerknitterte, daß sie zurückwich, wenn sie berührt wurde. Und diese Angewohnheiten isolierten sie und machten sie schön anzusehen. Sie hatte klare blaue Augen, einen sinnlichen Mund und kurzes, braun und blond gesträhntes Haar.

Parker ging auf die Sperre zu, winkte den Zeitungsverkäufer zur Seite, und im Zug knüpfte er eine Unterhaltung mit dem Mann neben ihm an. Es war ein sehr kleiner Mann, um die sechzig, der seine *Tribune* wegsteckte und sagte, er sei schon seit vier Uhr auf, um sich um seine Rosen im Gewächshaus zu kümmern, was er immer tue, ehe er den Zug nehme. Er arbeite in der Werbung, sagte er, aber lieber spreche er über Rosen.

»Ich bin auch an Blumen interessiert«, sagte Parker. »Ich habe einen riesigen Garten. Ich bin ständig am Jäten und Sprengen. Ich liebe es, Dinge wachsen zu sehen – die Entwicklung von Tag zu Tag.«

»Mir hilft meine Frau«, sagte der Mann. »Ihnen Ihre auch?«

»Ich bin Witwer«, sagte Parker.

Der Mann blickte erschrocken und faßte sich ans Gesicht, als habe er entsetzliche Angst. »Tut mir leid...«

»Sie war sehr krank. Es war so was wie eine gnädige Erlösung.«

Danach redete der Mann von seiner Gesundheit, und erst, als sie am Loop waren, fragte er Parker, wo er arbeite.

»Textilarbeitergewerkschaft«, sagte Parker. »Ich bin dort Sonderberater. Ich erledige das Gros der Rechtsangelegenheiten.«

»Schön für Sie. Mein Vater war in der Gewerkschaft«, sagte der Mann im gleichen ernsten und nachdenklichen Ton, den er in einem Gespräch über Religion angeschlagen hätte. Es war, dachte Parker, als rühre die Erwähnung der Gewerkschaft viele Erinnerungen auf – an den Vater, an die Vergangenheit, an schwere Zeiten. Der Mann verlor sich in Gedanken und hörte beim Grübeln auf zu lächeln, und nachdem er ausgestiegen war, fragte sich Parker, warum er einen so unbedeutenden Menschen anlog, und kam zu dem Schluß: weil er unbedeutend war. Die Wahrheit stand nur den wenigen zu, die wirklich zählten.

Im Büro rief er als erstes Ewa an. Er war gewohnt, ihren Anrufbeantworter dran zu haben, und als er ihre Stimme hörte, brauchte er einige Sekunden, um zu antworten, wobei er sich fragte, ob ein Band laufe.

»Hi«, sagte er. »Ich bin's. Ich hab morgen abend noch nichts vor.«

Sie antwortete nicht gleich. Er wußte, sie war unschlüssig – sie verstand sein Interesse an ihr nicht.

»Ich muß dich sehen.«

»Okay«, sagte sie, anscheinend etwas verwirrt und doch überzeugt allein durch die Kraft seiner Stimme. »Selbe Stelle«?

»Nein. Laß es uns woanders versuchen«, sagte Parker. »Ich möchte nicht in Gewohnheiten verfallen.«

Danach arbeitete er. Es hatte Zeiten gegeben, da hätte er den Tag damit zugebracht, Häuser zu entwerfen – nicht nur die Konstruktion, sondern die Details jeder Tür und jedes Fensterrahmens, jedes Schlosses und Simses und Ornaments. Einer der Pläne, die gerahmt bei Parker an der Wand hingen, war der des Hauses, das Wittgenstein, der Philosoph, für seine Schwester entworfen und bei dem er genau das getan hatte: Verantwortung für jedes Detail zu übernehmen. Mittlerweile – heute zum Beispiel – riß Parker Häuser ab, er weidete sie aus, fand raffinierte Möglichkeiten, ihre zerbröckelnden, charaktervollen alten Fassaden zu stützen, damit er dahinter ein Vielzweckgebäude errichten konnte.

Es machte ihm Spaß, sich in seine Arbeit zu vertiefen, und er blieb bis zum Mittagessen im Büro – Rosalie servierte ihm ein Thunfischsandwich auf Vollkorntoast: kein Salz, keine Mayonnaise, keine Butter, eine Lage Bohnenkeimlinge, einen Apfel zum Nachtisch.

Rosalie brachte ihm ein Memo von Frank Keedy,

einem seiner Zuarbeiter. Keedys imponierende Fähigkeit war es, Querverbindungen zwischen Chicagoer Immobilienmaklern ausfindig zu machen, und sein Memo führte aus, wie er einem Geheimplan für ein Gebäude in der Nähe – Ecke Federal und Harrison – auf die Spur gekommen war, das einer Firma überschrieben werden sollte, die, da war sich Keedy sicher, ein Ausbeuterbetrieb war: hundert Latinos, Vietnamesen oder was auch immer, die Kleider nähten. So ein Plan ließ einen Altbausanierer wie Parker geradezu als Idealisten erscheinen. Er blickte aus dem Fenster seines Arbeitszimmers und war verärgert, daß er das Haus von seinem Platz aus nicht sehen konnte.

Am Ende des Tages gab er Rosalie die Bänder, die er mit Diktaten gefüllt hatte: Er hatte vier Spulen vollgeredet.

»Hab 'n bißchen was zum Tippen für Sie.«

Er sah, wie sie zuckte, und er wußte, was sie dachte: daß das hier zwei Tage Tippen bedeutete, daß er seinen Schreibtisch aufgeräumt und sich mit allen Akten und Memos beschäftigt hatte, daß er unglaublich toll war – der Herr der Hölle.

»Ich wollte morgen eigentlich später kommen, Mr. Jagoda.« Sie preßte die Lippen zusammen, damit ihnen nichts weiter entschlüpfte. Aber sie konnte es nicht zurückhalten. »Ich habe einen Termin beim Friseur um halb zehn.« Sie zog die Schultern hoch, voll Furcht vor dem, was er sagen würde.

»Ist in Ordnung«, sagte er und lächelte, um sie zu beruhigen. »Das hier kann warten.«

Ihm gefiel die Dankbarkeit in ihren Augen, ihm gefiel, wie sie ihre Nervosität ablegte. *Er ist wahnsinnig nett,* dachte sie. Sie würde es ihren Freundinnen erzählen, das wußte er.

Um sechs traf er sich mit Barbara vor dem Museum of Contemporary Art. Die Fahnen an der Fassade hingen schlaff, in langen Falten, ohne den leisesten Wind herab und erschienen steif, nicht wie loser Stoff, sondern wie bemaltes Eisen – ohne die geringste Regung am frühen Abend. Die graue Hitze, die Schatten und die Dünste des Verkehrs schienen schlimmer als am Mittag.

»Ich bin ganz klebrig«, sagte Barbara und streifte Parkers Wange mit den Lippen. »Hältst du diese Hitze für möglich?«

»Mir gefällt sie«, sagte Parker. »Wo guckst du hin?«

Barbara starrte ihn völlig verwirrt an.

»Gestern hast du mir erzählt, du haßt sie.«

»Vielleicht habe ich die Feuchtigkeit gemeint.«

»Nein – du hast gesagt...«

Parker drückte sie an sich und hielt sie fest, bis sie wie in wilder Panik lachte und so laut protestierte, daß sie vergaß, was sie eben gesagt hatte. Und als er losließ – sie war erregt, wütend, benommen –, war es, als sei sie nach einem Zauber hoch über den Wolken gerade wieder zur Erde herabgestiegen. Sie gingen in die Mapplethorpe-Ausstellung.

Ronald Jakes, ein Modefotograf, hatte darauf bestanden, daß Barbara sich die Ausstellung seines Freundes ansah. Sie war dabei, eine neue Mappe zusammenzustellen, weil sie nach fast zwei Jahren Pause ihre Arbeit als Modell wieder aufnehmen wollte. Jetzt, wo Eddie sechs Monate alt, ohne Mühe zu beaufsichtigen sei und von einem Babysitter gefüttert werden könne, falle es ihr leichter, wieder an Arbeit zu denken, sagte Barbara. Sie hatte Sport getrieben: Sie war ein bißchen schwerer geworden, aber sie war auch selbstsicherer als vor zwei Jahren. Sie hatte Lust, wieder an die Arbeit zu gehen – nicht des Geldes wegen, sondern wegen der Aktivität, um etwas zu tun zu haben. So sagte sie es. Parker war mit allem einverstanden, was sie sagte; als interessiere es ihn.

Die Leute, die in die Ausstellung gingen, waren ein Vorgeschmack auf die Fotos – sie waren seltsam gekleidet, bunt zusammengewürfelt, junge Männer mit buschigen Schnurrbärten und rasierten Schädeln: nicht angeberisch, wie es Leute in Ausstellungen manchmal waren, sondern sie versuchten, anonym zu bleiben, sahen ständig weg und keiner sprach lauter als im Flüsterton. Das war das Ominöseste daran, die von Gemurmel erfüllte Stille, die wie sich windender Rauch zwischen all den gerahmten Fotos hing.

»Oh, Gott«, sagte Barbara mit einem leisen Stöhnen.

Sie lief vor Parker her und blickte seitwärts auf die Wand.

Parker blinzelte und lief weiter. Er wollte nicht stehenbleiben und diese Bilder näher betrachten. Sie stellten kahlköpfige Schwarze dar, die kahlköpfige Weiße umarmten, und alle hatten glatte Arschbacken und dicke Schwänze. Auf manchen Bildern waren nur Schwänze – wie Torpedos und manche wie Zigarren, und einer war wie eine überreife Banane. Man sah nackte Männer, die sich umarmten, nackte Männer, die auf etwas zeigten, nackte Männer als Silhouetten und einige, die Laternenpfähle in die Arme schlossen. Es gab auch Fotos von Blumen: große, weiße Blüten mit dicken, makellosen Blütenblättern und große starre Gemüsepflanzen. Parker dachte: Die Blumen haben keinen Duft, das Gemüse hat keinen Geschmack. Der Rest war scheußlich.

Barbara bewegte sich langsam, unsicher, sie wollte, daß Parker etwas sagte, das wußte er. Die Fotos waren viel merkwürdiger, als sie erwartet hatte, und an welcher Stelle sollte sie hier reinpassen?

»Was denkst du?« fragte sie.

»Anscheinend ist dieser Mapplethorpe schwul«, sagte Parker laut, wobei er sich bemühte, so ernst wie möglich auszusehen. Er wußte, daß ihn die Leute in seiner Nähe hörten und zu erschrocken waren, selbst etwas zu sagen. Er verachtete sie dafür, daß sie an den Bildern vorbeischlurften, hinguckten und sich das alles gefallen ließen.

Drei Tafeln zeigten einen jungen Mann, der einem anderen, der vor ihm kniete, im hohen Bogen in den Mund urinierte.

»Sie tragen Bärte, Hüte, und sieh dir nur ihre alten Mäntel an«, sagte Parker und bückte sich nach dem Titel. *»Dave und Gary. Sausalito.«*

Sie kamen an einem anderen Foto vorbei, auf dem das malträtierte Geschlechtsteil eines Mannes zu sehen war, nur das, naß und verletzt, und es erinnerte Parker an ein kleines Tier, das auf der Straße überfahren worden war: zerplatzt, blutig und gehäutet von der wilden Jagd des starken Verkehrs, von all diesen Rädern. Ein Mann war in einen hautengen Lederanzug eingenäht – er sah aus wie eine versengte Katze und hatte einen deutschen Namen, einen anderen Titel. Es gab eine nachgestellte Kreuzigung, ein nackter weißer Körper lag am Boden eines dunklen Waldes, ein Penis wie eine Pistole.

Parker sagte: »Sind das Zucchini oder Pimmel? Schwer, den Unterschied festzustellen. Hier ist noch ein Typ, der 'n Hut aufhat – sie lieben Cowboyhüte! Die Titel sind furchtbar. *Kurt ... Jim ... North Sedgwick Street ...* Noch mal *Sausalito*. Ich war letztes Jahr in Sausalito, aber diesen Glatzkopf, der da mit dem nackten Arsch auf dem Hydranten hockt, habe ich nicht gesehen. Das *ist* doch ein Hydrant und nicht noch 'n Pimmel, oder?«

Barbara sagte: »Es ist leicht, über Bilder Witze zu machen, die ein so großes Risiko eingehen.«

»Nicht so leicht, wie du denkst, Liebling«, sagte Parker. »Ich meine, sicher sind diese Fotos *pur*. Sie sind total reduziert, und er hat jeden Kontext ausgespart. Übrig bleibt eine Art Heiligenbild, und das ist nicht obszön, denn es hat keine Berührung mit einer anderen Wirklichkeit.«

Barbara sah ihn mit zusammengekniffenen Augen an. Er kannte dieses Blinzeln. Es bedeutete, daß sie lange genug zugehört hatte.

»Alles Scheiße«, sagte Parker. »Und die Leute auch. Das ist genau die Sorte Leute, die Kontaktanzeigen in die Zeitung setzen, in denen steht, daß sie an Leder und Wassersport interessiert sind und ob sie nicht 'n Hinterlader kriegen können.«

»Er macht auch Modefotos. Wie Ronald Jakes. Die Leute finden sie wirklich gut.«

Parker sagte: »Du findest diesen Typen also tatsächlich interessant!« Er war verärgert, daß sie seine Empörung nicht teilte, daß sie nichts von seinem Sarkasmus begriffen hatte, daß sie sogar ein bißchen erregt war durch die kahlen Köpfe und geschwollenen Schwänze – und war dieser Gewichtheber etwa ein Mann oder eine Frau?

»Helmut Newton ist langsam genauso verrückt, und er macht tolle Modefotos.«

Aber Parker bewegte sich schnell und redete noch immer: »Diese Fotos geben einem zu verstehen: *›Ich kenne diese Leute, und du nicht.‹ ›Diese Leute tun alles für mich.‹ ›Du könntest sie nie kennenlernen,* *selbst wenn du's versuchtest – ich aber sehe sie alle Tage.‹ ›Das sind meine Freunde.‹ ›Das sind meine Liebhaber.‹* Nichts als Geprahle.«

»Du bist wütend«, sagte Barbara. »Du bist zu ulkig, wenn du wütend bist.«

»Das ist Sexualsnobismus«, sagte Parker, dessen Blick von einer harten, schwarzen Linie gefesselt wurde, dem Schatten einer Schlauchklemme an einem Männerschwanz.

Barbara lächelte wieder. Sie sagte: »Du bist schockiert.«

»Wenn du's nicht bist, stimmt was mit dir nicht«, sagte Parker.

»Also möchtest du ihn nicht kennenlernen?«

»Ich würde ihn sehr gern kennenlernen.« Und Parker ging sogar noch weiter und schlug vor, sie sollten mit Jakes zum Essen ins N.E.W. Cuisine in der West Erie gehen, aber als sie ihn anriefen, bestand Jakes darauf, daß sie sich in der neugestalteten Bar namens »Tracks« in der Union Station treffen sollten. Wie der Blumen- und der Zeitungsladen zu beiden Seiten von ihr sah auch die Bar aus: wie von der Mauer gefallen – es standen Tische in der Halle vor der Bar, Blumen auf Gestellen links davon und Zeitungsständer rechts. An einem Tisch in der Nähe dieser Zeitungen – durch einen niedrigen Zaun abgetrennt, um dem Ganzen das Aussehen eines französischen Straßencafés zu verleihen – saß der kleine Mann, krumm nach vorn gebeugt, und rauchte: Ronald Jakes.

Ein *National Enquirer* auf einem Ständer vor dem Zeitungsladen trug die Schlagzeile: »*Cary Grants Geheimnisse – sein feuriges Temperament, seine männlichen Liebhaber, wie er Frauenunterwäsche trug. Fotos Seite 4.*«

»Ich würde mich lieber reinsetzen«, sagte Parker.

Er spürte die Leute hin und her laufen, ein paar Schritte entfernt auf und ab gehen, er hatte ein Gefühl von Bewegung und Einmischung, Leute, die Seiten umblätterten, herumstöberten, die Zeit totschlugen, ihn direkt ansahen.

»Drinnen ist alles Nichtraucher«, sagte Jakes.

»Fabelhaft«, sagte Parker, sah dann aber, daß Barbara bereits saß – sie tat es elegant, auf vornehme Art, indem sie ihr Knie mit den Fingerspitzen berührte, als sie mit hoch erhobenem Kopf das Bein über das andere legte und den Hals streckte.

»Wir kommen gerade aus der Mapplethorpe-Ausstellung.«

Jakes sagte nichts. Er war klein, blaß, dünn, sah zerbrechlich und krank aus, hatte blaue, reizbare Augen. Sein Haar war schütter – wahrscheinlich seine Raucherei, dachte Parker. Raucher wurden oft kahl und kränklich. Der kleine Mann hatte ein Glas in der Hand und saß auf eine Weise seitwärts in seinem Sessel, die Parker verlegen machte – am liebsten hätte er ihn mit einem Ruck in die Senkrechte gezerrt. Immer noch sagte er nichts.

»Es war unglaublich«, sagte Barbara.

»Die ganze Stadt ist über ihn hergefallen«, sagte Jakes. Seine Stimme zitterte ein wenig, was zu seinem bleichen Gesicht und dem großen, im Hals herumhüpfenden Adamsapfel paßte. Die berühmte Persönlichkeit auf der Museumsfahne – »*Mapplethorpe*« – war wahrscheinlich ein unbedeutender, kleiner Pedant in Turnschuhen wie dieser Jakes. »Man sollte meinen, die Leute hätten noch nie einen Schwanz gesehen.«

Parker sagte: »Vielleicht haben sie noch nie einen mit 'ner Schlauchklemme gesehen oder zerquetscht und blutend, als wär er von einer Dampfwalze überrollt worden, oder ...«

»Parker, sei nicht albern«, sagte Barbara, und zu Jakes: »Ich fand die Bilder unglaublich wirkungsvoll.«

Aber Jakes' bleiche Augen waren immer noch auf Parker gerichtet.

»So ist das Leben«, sagte er. »Die Leute sehen so aus. Die Leute tragen solche Kleider. Die Leute tun solche Dinge.«

Und das wiederholte »Leute« ließ sie alle drei zur Seite blicken, über die Umzäunung der Bar hinaus, wo Leute zu den Zügen eilten, am Zeitungsstand herumtrödelten oder Blumen aussuchten. Diese Leute, empfand Parker, widerlegten alles, was auf Mapplethorpes abscheulichen Fotos zu sehen war.

»Woher weiß ich, daß sie für ihn nicht einfach Modell stehen – daß er sie nicht für ihre Arbeit bezahlt?«

Darüber mokierte sich Jakes, und Parker hatte das Gefühl, daß der kleine Mann Ablehnung viel nötiger brauchte als Zustimmung.

»Sie möchten so tun, als existierten diese Leute nicht«, sagte Jakes. »Aber das tun sie, und mehr als das. Es liegt viel Schönheit in diesen Körpern. Sie, mein Freund, führen ein sehr behütetes Leben.«

»Mag sein«, antwortete Parker, und während er noch sprach, fühlte er sich trotzig und rein. Der Gedanke gefiel ihm, er glaubte, es stimmte, und er sah sich ziemlich naiv und schreckhaft, mit einem ausgeprägten Sinn fürs Absurde als Folge davon: Man mußte schreckhaft sein, um Witze machen zu können.

»Ich dachte, wir wollten über meine Mappe sprechen«, sagte Barbara.

»Wenn wir über Mapplethorpe reden, reden wir über Ihre Mappe, Schätzchen«, sagte Jakes zu Barbara, den Blick jedoch auf Parker gerichtet.

Die Konzentration des Mannes hatte eine Dichte, die Parker befangen machte. Und die Leute am Zeitungsstand waren auch nicht hilfreich – sie blickten von ihren Zeitungen auf und in die Bar hinein. Noch immer hatte Parker das Gefühl, als sammelte sich eine Menschenmenge um sie und jedesmal, wenn er hinsah, zerstreute sie sich. Die Leute lenkten ihn ab – was hatte Jakes gerade gesagt? –, und selbst wenn er ihnen den Rücken kehrte, sah er ihre heißen Gesichter und starrenden Blicke im Spiegel.

»Stimmt was nicht?« fragte Jakes. Parker fand den Mann auf plumpe Art herzlich. »Möchten Sie 'n richtigen Drink?«

»Ich trinke keinen Alkohol.«

»Da sind wir schon zwei«, sagte Jakes. »Nehmen Sie so einen: ist ein Bloody-Mary-Mix.«

»Säure, Quellmittel, Stabilisatoren«, sagte Parker mit nach unten gezogenem Mund. »Salz«.

Jakes drehte sich zu Barbara um, stülpte die Lippen vor und erschauerte, während er seine knochigen Arme um sich schlang.

»Und vielleicht muß man ein behütetes Leben führen, um diese armen, ausgebeuteten Leute auf Mapplethorpes Bildern verstehen und bedauern zu können«, sagte Parker. »Weil er sie benutzt, und sie wissen es nicht.«

»Vielleicht wollen sie benutzt werden«, sagte Jakes und lächelte zum ersten Mal, wobei er sich herumdrehte und in dieser Kreisbewegung die Leute mit Reisetaschen und Aktenmappen in sich aufnahm, die erhitzten, zerknautschten, verspäteten Pendler, die Leute am Zeitungsstand. »Ich kann Ihnen sagen, daß manche von denen mißbraucht werden wollen.«

»Dann sind sie dumm und bedauernswert«, sagte Parker. »Und das ist die schlimmste Art von Ausbeutung – wenn sie nichts Besseres kennen.«

Jakes pfiff, rollte mit den Augen und sagte zu Barbara: »Wo haben Sie den Knaben denn her, Schätzchen?«

»Wenn ich diese Bilder betrachte, sehe ich Opfer«, sagte Parker.

»Meine Bilder handeln von Freude«, sagte Jakes. »Dito Mapplethorpe. Auf seinem besten Selbstporträt hat er sich eine Rinderpeitsche in den Arsch gerammt.«

Jemand auf der anderen Seite des Zauns murmelte hörbar, Parker verstand die Worte nicht, aber der Ton war bösartig. Parker sagte: »Könnten wir uns keinen ruhigeren Platz suchen?«

»Früher waren die Schwulen im Besitz aller Geheimnisse«, sagte Jakes meckernd. »Aber die haben sie nicht mehr. Ich denke, die sogenannten Normalen haben jetzt ein Problem. Jetzt nämlich sind sie die mit den Geheimnissen. Sehen Sie, verheiratete Leute würden sich von Mapplethorpe niemals so fotografieren lassen wie diese Schwulen.«

»Warum wohl?« sagte Parker.

»Sie wollen nicht, daß ich Fotos von Ihrer Frau mache«, sagte Jakes. »Also saugen Sie sich Einwände gegen Roberts Ausstellung aus den Fingern.«

»Das stimmt nicht«, sagte Barbara, und in ihrem plötzlichen Zorn beugte sie sich vor und verlor ihre Schönheit.

»Woher wissen Sie das?«

»Weil er es mir gesagt hätte«, erwiderte Barbara. »Wir sagen uns alles. Wir haben keine Geheimnisse.«

Der Fotograf sagte: »Sie wissen, wo Sie mich finden, aber Sie werden nicht kommen«, und er blickte weg, als Parker Barbara bei der Hand nahm und mit sich zog – aus der Bar hinaus, am Zeitungsstand vorbei. Als sie neben dem Ständer mit den Abendzeitungen zögerte, packte Parker sie fester und schob sie vorwärts.

»Ich mache mir Sorgen um dich«, sagte er.

»Mein Schatz«, sagte sie voller Liebe und Dankbarkeit und ließ sich von ihm durch den Bahnhof in den heißen Abend hinausführen.

»Ich habe Hunger«, sagte Barbara.

Sie fanden ein Restaurant an der Monroe, ein dunkles Lokal mit schweren Stühlen und offener Eingangstür, wo das Mittagsmenü noch an der Tafel stand und sich Männer in Hemdsärmeln an der Bar drängten.

Eine Kellnerin in gekräuselter Bluse brachte die Speisekarte, aber Parker winkte ab.

»Kein Öl, kein Salz, kein Natriumglutamat, keine Farb- und keine Aromastoffe. Kein Zucker, kein weißes Mehl, keine Butter«, sagte er. »Was haben Sie sonst?«

Er bekam einen trockenen Spinatsalat mit Kichererbsen und eine gebackene Kartoffel, die er aufbrach und mit Joghurt füllte. Er trank Seltzer. Als Nachtisch aß er ein Schälchen gemischte Beeren.

Barbara aß Rippchen mit Fritten.

»Tote Tiere«, sagte Parker. »Fettes Blut.«

Das war ihr Standardwitz, doch Parker zog die Stirn in Falten und grabschte sich plötzlich ins

Gesicht. Er führte die Finger an die Lippen und begann aufgeregt daran herumzuzupfen und Wimmertöne auszustoßen. Nach einiger Anstrengung löste er endlich die Finger langsam von seiner Zunge und sah voll Entsetzen nach unten.

»Ich hatte ein Haar im Mund!«

Später, auf der Fahrt nach Hause, wurde ihm beim Gedanken daran übel, und am Lake Shore Drive scherte er auf den Seitenstreifen und übergab sich heftig.

Kapitel 4 Um Mitternacht machte er sich Sorgen um Ewa, aber bis zum Morgen war seine Besorgnis zu bloßer Wißbegier zusammengeschrumpft, und während er aufstand, überlegte er, ob er sie von zu Hause aus anrufen sollte. Aber was wollte er wissen? Es ging ihr gut. Er stellte sich vor, wie sie auf seinen Anruf wartete, und dieses Warten – die Tatsache, daß er sie nicht anrief – gab ihr Schutz in ihren vier Wänden: Schattenhaft sah er die große, friedliche Gestalt einer Frau an einem Telefon sitzen.

»Noch mehr Waldbrände«, sagte Parker, und das Bild auf dem Bildschirm zersprang, als er seinen Daumen in die Fernbedienung bohrte.

Er redete mit sich. Barbara war mit dem Baby unten, zog es für die Fahrt zu ihrer Mutter an und rief zu Parker hoch, er solle die Klimaanlage aufdrehen – es solle erneut einen Tag mit über dreiunddreißig Grad geben.

Ihm fielen wieder Ewas Erzählungen davon ein, wie sie in diesen Tagen unter die Dusche ging – manchmal viermal an einem einzigen Nachmittag, um sich abzukühlen. Ihre Erwähnung des Duschens und des Fensters (»Nie auch nur ein Lüftchen«, hatte sie gesagt) half ihm, sich ihre Wohnung vorzustellen, die kleinen Zimmer, die stehende Luft, die Gerüche. Sie hatte erzählt, daß Musik ihre Nachbarn störte und wie sie im Bett lag und ihrem Walkman lauschte, die Knöpfe in den Ohren. Es war eines dieser Häuser im Süden der Stadt, in denen man ständig Stimmen, Rohrleitungsgeräusche und gedämpftes Schreien hörte. Trotzdem beklagte sie sich nicht. Hätte sie es getan, würde er etwas über sie gewußt haben.

»Ich nehme den Beemer«, sagte er und begann sich zu beeilen, weil in ihm der Verdacht wuchs, daß er sich womöglich irrte: daß Ewa doch in Schwierigkeiten war.

Dieser Gedanke machte ihm derart zu schaffen, daß er in Morton Grove auf dem Edens Expressway eine der Ausfahrten nahm und von einer Automatenwäscherei aus telefonierte.

»Es ist dringend«, sagte er langsam zu Ewas Anrufbeantworter. Wo konnte sie morgens um zehn nach acht nur sein? Er hatte keine Ahnung, wo sie arbeitete oder ob sie überhaupt einen Job hatte. Alles, was er über sie wußte, war in ihrem Antwortbrief auf seine Kontaktanzeige enthalten – dazu die Tatsache, daß sie schön war und es anscheinend nicht wußte.

Er hinterließ ihr die Nachricht, daß sie ihn anrufen solle, und verspürte heftiges Verlangen und Angst, als er sich zwischen den schäumenden Fenstern der Waschmaschinen, den schmutzigen Häusern, der abplatzenden Farbe überall und den ausgebrannten Autos umsah.

Als er dann unter dem dampfenden Himmel die Kennedy entlang weiterfuhr, bedauerte er, was er gesagt hatte – nicht weil es übereilt, sondern weil es womöglich zu spät gewesen war, um ihr zu helfen.

Im Parkhaus in der Wells reichte ihm Vern – so stand es auf dem Schildchen, das auf die Hemdentasche genäht war – einen Parkschein und schien darüber erfreut zu sein, daß er ihn sah.

»He, wir haben Sie schon vermißt«, sagte Vern. »Sie sind wohl mit dem Zug gefahren oder so – haben vielleicht woanders geparkt?«

»Ich war verreist«, sagte Parker.

»Geschäft oder Vergnügen?«

Der Mann war langsam und im Weg, und er lächelte dämlich. Er klammerte sich mit beiden Händen ans Fenster und beugte sich Parker entgegen. Sein Atem roch nach Kaffee, und von dem Doughnut, den er gegessen hatte, hingen ihm Zuckerkrümel an den Lippen.

Parker sagte: »Kennen Sie jemanden, der aus Vergnügen nach Detroit fährt?«

»'n paar fabelhafte Lokale in Detroit, wenn man weiß, wo man sie findet. He, wie war das Wetter?«

Parker sagte: »Genau wie hier.«

»Ich hab gehört, dort hätt's geregnet«, sagte Vern.

Parker hatte das unbehagliche Gefühl, dieser Mann könnte ihn auf den Arm nehmen, und das hatte er schon immer gehaßt, weil er es für die grausamste Art hielt, jemanden in Widersprüche zu verwickeln.

»Etwas Regen ist schlimmer als gar keiner«, sagte Parker und versuchte, den Wagen langsam in Bewegung zu setzen.

»Erlaubt man Ihnen oben in Evanston, den Rasen zu sprengen?«

»Ich wohne nicht mehr in Evanston«, sagte Parker. »Ich wohne jetzt in Morton Grove, nach Skokie zu. Wo die Sammelteller hergestellt werden, wissen Sie, in der Nähe der Automatenwäscherei gleich hinter der Ausfahrt achtzehn? Da in der Gegend.«

»Ah ja?« sagte Vern und machte ein besorgtes Gesicht. »Wieso haben Sie verkauft?«

»Ich mußte«, antwortete Parker, der das Gefühl hatte, der Mann habe es nötig, von einer Katastrophe zu hören – Vern hatte noch immer diesen hungrigfragenden Ausdruck im Gesicht. »Wir hatten ein paar unvorhergesehene Arztrechnungen. Ich mußte eilig 'n bißchen was Bares zusammenkratzen ...«

Vern sah immer noch unbefriedigt aus und klammerte sich heftig atmend an den Wagen. Er verzog das Gesicht, um Parker sein Mitgefühl zu zeigen, und trotzdem verlangte er nach mehr. Die Reaktion reizte Parker, der sich plötzlich wie der Mann fühlte, den er gerade geschildert hatte – in Morton Grove mit Arztrechnungen –, und daß er ein Recht darauf hatte, in Ruhe gelassen zu werden.

»Ich komme zu spät zum Zahnarzt«, sagte er.

»'schuldigung«, sagte Vern. »Auf Deck fünf ist noch Platz.«

Parker fuhr die Rampe hoch. Er ärgerte sich über sich selber. Er war der leidgeprüfte Mann, der aus finanziellen Gründen in ein kleineres Haus in einer schlechteren Gegend gezogen war: die Folge einer schweren Operation.

Und das wäre auch durchaus möglich, überlegte er. Barbara hatte fast den ganzen April eine Halsmanschette tragen müssen, und eine Operation hätte ein Vermögen gekostet, selbst mit seiner Krankenversicherung. Er hätte zu Vern sagen sollen: *Mir war gar nicht bewußt, in was für einer gefährdeten Lage ich war.* Er machte sich auch klar, daß er die vergangenen zwei Tage ohne weiteres hätte in Detroit zubringen können.

Er parkte auf Deck sieben in einer Ecke hinter einem Pfeiler und blieb mehrere Minuten lang im Wagen sitzen, ehe er ausstieg und nach der Feuertreppe suchte. Am Hinterausgang lachte er, als er das gelbschwarze Symbol bemerkte, das bedeutete, daß dieser dunkle, schwer zugängliche Ort als amtlicher Schutzraum für den atomaren Ernstfall vorgesehen war.

Das Telefon klingelte, bald nachdem Parker seinen Schreibtisch aufgeschlossen hatte. Es war eine Frau, die schnell redete, und einen Augenblick lang konnte Parker sie nicht unterbringen, kannte sie nicht, fand ihre Stimme aufdringlich: Hatte sie sich verwählt? Er dachte an das blaue, abblätternde Haus gegenüber der

Automatenwäscherei, die schäbige Veranda, die heißen, schwarzen Schindeln auf dem Dach, den ausrangierten, ausgebrannten Wagen auf der Straße. Das Haus erschien ihm sehr traurig und bedeutsam.

»Geht's dir gut? Du hast dich ziemlich aufgeregt angehört«, sagte die Frau.

Ewa. In dem Moment fiel ihm alles wieder ein: die Unruhe, die er empfunden hatte, seine Ängste um ihre Sicherheit, das Telefon in der stechenden, seifigen Luft der Wäscherei.

»Mir geht's gut«, sagte Parker. Er sah Ewa jetzt deutlich vor sich und fühlte den allerstärksten Drang, bei ihr zu sein, sie zu beschützen. Doch statt ihr Furcht einzujagen, indem er sagte: *Du bist in großer Gefahr* – die Worte hatten in seinem Innern deutliche Gestalt angenommen –, sagte er: »Ich muß dich so schnell wie möglich sehen.«

»Heute abend, ja. Wir sind doch verabredet. So ist es ausgemacht.«

»Vergiß, was ausgemacht ist«, sagte Parker. »Es ist dringend. Paß auf ...«

»Was willst du?« fragte sie so unschuldig, so flehend, daß er aus ihrer traurigen Stimme einen einsamen Menschen heraushörte, der dem Untergang geweiht war – dazu bestimmt: als befinde sie sich bereits unter dem starrenden Blick eines gewalttätigen, erbarmungslosen Mannes, der sie in eine Falle locken wollte.

»Kennst du das große Parkhaus an der North Wells

im Loop? Mein Wagen steht auf Deck sieben – ein blauer Beemer. Sei Punkt zwölf dort.«

Ewa sagte nichts, und als er nachhakte, zögerte sie.

»Ich werd dir schon nichts tun«, sagte er.

»Das weiß ich«, antwortete sie verlegen, als wüßte sie, daß sie im Begriff war, etwas Unvernünftiges zu tun. »Aber ich habe erst um halb zwei Feierabend – ich meine, ich arbeite im Moment.«

»Wo arbeitest du?« fragte Parker.

»Bei den radschlagenden Whoppers«, sagte Ewa.

»Du denkst, ich mache Witze.«

»Ich habe eben erst zu Hause angerufen«, sagte Ewa, »und deine Nachricht auf meinem Anrufbeantworter gehört. Du klangst ziemlich besorgt.«

»Vielleicht bist du diejenige, die besorgt sein sollte«, sagte Parker. »Okay. Dann um zwei im Parkhaus. Deck sieben.«

Er war ruhig, als er den Hörer auflegte. Er wußte, es gab Menschen, die Sekretärinnen, Assistenten und Zuhörer nötig hatten – die dadurch Rückenstärkung erhielten und den Eindruck, sie seien wichtig, weil diese anderen Leute in der Nähe waren. Er nicht: Nie fühlte er sich stärker, einfallsreicher oder findiger, als wenn er ganz allein war. Wenn er allein war, war er ein Gigant, und die Leute taten ihm leid, die darunter litten, daß sie einsam waren – Leute, die insgeheim das Gefühl hatten, sie drehten durch, weil sie niemanden hatten, mit dem sie reden konnten, und sehr viele von denen waren Frauen, die zusahen, wie ihr Leben sich verengte, wie die Jahre einfach eintrockneten und einen Bodensatz an Staub zurückließen.

In dieser Stimmung, einer Mischung aus Autorität und Mitgefühl, entwarf er einen Plan für eine mögliche Nutzung des Gebäudes an der South Federal. Es lag gleich hinter dem Printers' Square, der bereits umgebaut worden war und wo es genügend Leute gab, die eine Mehrzwecknutzung des alten Backsteingehäuses profitabel machen konnten. Das Wichtigste war, eine Aufteilung in Gewerbe und Wohnen zu erreichen und dabei die oberen Stockwerke mit ihrer Aussicht als Eigentumswohnungen zu nutzen – und vielleicht gab es noch Dachraum, in dem man ein weiteres Stockwerk verstecken konnte. Ganz unten war genügend Raum für Boutiquen, Restaurants und Läden, die exklusive Sachen, wie zum Beispiel Designer-Lebensmittel, verkaufen konnten.

Rosalie kam spät und entschuldigte sich noch mal wegen des Friseurs.

»Gefällt's Ihnen? Hat mich fünfundachtzig gekostet.«

Das Haar leicht gelockt und gefärbt, aber so häßlich und auffällig, daß sie aussah, als wäre sie von der Tunte, die sie da übervorteilt hatte, unter Starkstrom gesetzt worden – und warum? Weil sie wahrscheinlich vor ein paar Tagen in ihrer Wohnung gesessen und sich jämmerlich gefühlt und gedacht hatte: *Ich laß mir die Haare machen, dann fühle ich mich besser.*

»Ich werd mal was wegen Keedys Memo und diesem Ausbeuterschuppen an der South Federal unternehmen«, sagte Parker gegen ein Uhr. »Könnte genau das sein, was ich suche.«

Rosalie lächelte, aber so geistesabwesend, daß Parker klar war, daß sie nicht die leiseste Ahnung hatte, wovon er redete.

»Dieser Altbau…«, sagte er, wissend, daß er sich wie ein Perfektionist anhörte, und ziemlich stolz drauf. »Damit werde ich mich heute nachmittag befassen, falls jemand anruft.«

Er verließ das Büro in der festen Absicht, im Laufe des Tages bei diesem Ausbeuterladen vorbeizugehen. Die Erinnerung an das Memo hatte ihn aufgerüttelt, das Bild der überarbeiteten und ausgebeuteten Frauen, das er vor sich sah, rührte ihn, und als er auf die heiße Straße trat, fühlte er sich stark wie immer, wenn er gerade etwas gesagt hatte, von dem er wußte, daß es wahr war. Diese Bude auszukernen, würde den Frauen die Freiheit geben.

Er war froh, von dem Gerücht über diese Ausbeuterei zu wissen. Es war nicht bloß so, daß ihm potentielle Baugrundstücke in der Innenstadt ausgingen. Es hatte was mit der Befreiung des Hauses von einer zwielichtigen Unternehmung und der Rettung der Frauen zu tun, die da in Gefahr waren. Es ging um Rettung, es ging um Sanierung, es ging um Geld.

Auch Ewa war in Gefahr. Er begab sich hinunter in den schwarzen Schatten der Hochbahn, die das Licht unter sich zerhackte. In diesem Randbezirk des Loop hing der bittere Geruch rostigen Eisens in der Luft. Er roch ihn, und er war sich bewußt, daß er sich langsam und bedächtig bewegte, als werde er beobachtet. Dabei war er es, der beobachtete: Er fühlte sich wichtig, für andere Leute unsichtbar. Voller Erregung war er sich seiner bewußt, wie er sich lautlos durch die Schatten und die dampfende Menge schob.

Er betrat das Parkhaus nicht durch den Eingang in der Wells Street. Er sagte sich, daß er es eilig hatte, und glitt in den schmalen Zugang auf dessen Rückseite in der LaSalle, den er zufällig einmal entdeckt hatte, als er umständlich einen Ausgang suchte. Es war genau die Sorte Eingang, die ein Parkhaus wie dieses zum Paradies für Straßendiebe machte.

Der Spurt hinauf zum Deck sieben ließ ihn nicht atemlos werden – diese Energie schrieb er seiner Diät zu: der Banane, dem Schrotbrötchen und dem Johannisbrotjoghurt zum Beispiel, die er am Vormittag zu sich genommen hatte, aber sein Getrappel auf der Treppe und dieses Hasten auf dem Treppenabsatz schienen Ewa zu beunruhigen, die hinter dem Wagen vortrat und sich ihm mit gebeugten Knien und gehetztem Blick entgegenstellte. Polternd kam er zum Stehen.

»Ich bin nicht mal aus der Puste«, sagte er. »Willst du wissen, warum?«

Sie war zu verdutzt, um etwas zu sagen – aber er lächelte. Er sah sich um. Nur zwei andere Wagen waren noch da, keine Leute weiter, und die schmalen, grellen Fenster an der Rückseite des Gebäudes ließen die Schatten auf der Etage, die wie ein tiefes Schrankfach war, nur noch dunkler erscheinen.

»Warum mußten wir uns hier treffen?« fragte Ewa, und er hörte ein Zittern in ihrer Stimme.

»Erschien mir schlicht einfacher.«

Das reichte fast, um sie zu beruhigen – er ging an ihr vorbei, um ihr die Tür aufzuschließen. Ihre Angst war wie ein Geruch. Er ließ ihr jede Menge Platz, berührte sie nicht, sah ihr absolut nicht in die Augen.

»Ich wußte gar nicht, daß du so einen Wagen hast«, sagte sie.

»Die Leute sehen einen Beemer und bemerken nicht mal, daß er sechs Jahre alt ist«, sagte Parker.

»Stimmt, weil der hier zwei Jahre alt ist.«

»Was bist du, Autohändlerin?« fragte er. Er war beeindruckt, weil Frauen blind waren, wenn's um Autos ging, und selbst wenn man's ihnen gesagt hatte, erinnerten sie sich nicht ans Baujahr oder ans Modell. Sie wollten bloß, daß ein Wagen toll aussah und bei der ersten Schlüsselumdrehung ansprang.

Ewa sagte: »Leute klauen die.«

»Was für Leute?«

»Punks. Crack-Junkies.«

»Woher weißt du das denn?«

»Ich bin nicht dumm«, sagte Ewa. »Ich habe Augen im Kopf.«

Parker ließ sie einsteigen, ging dann auf seine Seite

und setzte sich hinters Steuer. Er steckte den Schlüssel in die Zündung, drehte ihn aber nicht herum. Er wandte sich zur Seite und sah Ewa an. Er richtete seine Augen zum ersten Mal auf ihre.

»Du solltest deine Augen aufmachen«, sagte er. »Du weißt nicht, was dir passieren könnte.«

Ewa sah ihn an, wobei sie so langsam reagierte, als übersetze sie das eben Gesagte, und wieder schien ihre Angst die Luft zu durchschneiden wie ein beißender Geruch.

»Eine Frau wie du könnte zu Schaden kommen«, sagte er.

Ewa schien wie versteinert, und doch spürte Parker, daß sie sich bewegte – in ihren Kleidern, im Innern ihres Körpers, ein Straffen der Fasern ihrer Muskeln, das ihr Fleisch sich verhärten ließ. »Ich dachte, wir wollten irgendwohin fahren«, sagte sie.

Und ihre Augen: Sie bewegte sie blitzschnell nach links und rechts und sah auf ihr Spiegelbild in der Seitenscheibe, im Spiegel. Ihr ganzer Körper wand sich und zog sich zusammen. Sie saß zum größten Teil im Schatten, also waren es nicht Licht und Bewegung, sondern eher ein sachtes Schaben der Dunkelheit und nicht mehr als ein leises Flüstern ihrer sich ängstlich übereinanderlegenden Beine.

»Noch nicht, Liebling«, sagte er.

Das zärtliche Wort war wie das bedrohliche Funkeln einer Klinge und hatte die gleiche Wirkung auf sie. Er hörte ein leichtes Stocken in ihrem Atem.

»Ich habe heute nachmittag was vor«, sagte sie.

Ehe sie die Arme verschränkte und sich auf ihrem Sitz enger zusammendrängte, blickte sie aus dem Rückfenster auf den öligen Boden von Deck sieben und die Rampe zu Deck sechs hinunter – und auch Parker sah hin. Es war so still und dunkel, als wären sie unter der Erde: nichts da als die Finsternis.

»Das kann warten.« Er sagte nicht *Liebling*, sie hatte schon genug Angst. »Ich muß mit dir reden.«

Sie sagte: »Du sprichst mit mir, als würdest du mich kennen«, und dazu lächelte sie, um ihm zu zeigen, daß sie das für absurd hielt.

»Ich kenne dich besser, als du denkst.«

Das schien sie aufzuscheuchen, sie löste die Arme voneinander und ließ die Finger leicht über den Türriegel streifen und sich einhaken; aber die Tür ging nicht auf, man hörte keinen Ton, und es hätte doch ein Klicken geben müssen.

»Zentralverriegelung«, sagte Parker ihr ins Gesicht.

»Ich habe nach dem Fensterknopf gesucht«, sagte sie flüsternd. »Ich brauche etwas Luft.«

Sie log, was den Fensterknopf betraf, das wußte er. Sie hatte die Tür zu öffnen versucht. Aber es stimmte auch, daß die Nachmittagshitze sich um sie herum verdichtet hatte, und die Finsternis auf Deck sieben war heiß wie eine Bettdecke, die sich wollig und erstickend über sie legte.

Ihr Flüstern war wie eine Folge ebendieser Hitze.

»Weil ich eine Frau bin? Und du denkst, du kennst die Frauen? Was für ein Quatsch.«

Parker hatte zu schwitzen begonnen und genoß das Gefühl, wie ihm der Schweiß übers Gesicht rann und sich sein nasses Hemd spannte und ihn einschnürte, als wäre es ihm auf den Leib geklebt.

»Wir haben zehn Drinks gehabt, seit ich dich kenne.« Sie griff ihn an, allerdings sacht, als mahne sie ihn zur Vernunft. Er konnte sehen, daß sie große Angst hatte.

Parker fiel auf, daß die schattenhafte Krümmung ihrer Wange wie die Krümmung ihres Schenkels war.

»Fahren wir endlich los«, sagte sie.

»Zu dir?« Seine Zunge hatte etwas Gummiartiges, als er redete.

»Laß das.«

Es klang wie ein Tadel, und doch fühlte er sich dadurch angespornt; als habe er entdeckt, daß sie gelassen sein konnte.

»Also, was gibt's?« fragte sie.

Und dann fiel's ihm wieder ein. Er wartete einen Moment, bis sie erneut unruhig herumruckte, und schließlich sprach er mit leiser Stimme, die selbst voller Geflüster war.

»Als ich an der Northwestern studierte, war ich in einer Verbindung«, sagte er. »Jeden Samstagabend brachte einer der Brüder ein Mädchen auf sein Zimmer, und jedes einzelne Mal kriegte er sie ins Bett – wenn sie gingen, hatten die Mädchen das bleiche benommene Gesicht von jemandem, der in Grund und Boden gebumst worden ist. Dieser Typ hat nie zugeschlagen. Was war sein Geheimnis?«

Parker machte eine Pause, um sicherzugehen, daß Ewa zuhörte, dann fuhr er fort.

»Wir versteckten ein Mikro unter seinem Bett, ließen es angeschaltet und nahmen alles, was passierte, auf Band auf, von dem Moment an, als er die Tür zumachte, bis zu dem Moment, als sie wieder gingen. Als sie weg waren, hörten wir uns das Band an – und waren schockiert. Wir hörten ihn und das Mädchen in dem Zimmer, und das erste, was er tat, war, sie zu bedrohen und sie aufzufordern, sich auszuziehen – ›oder ich zerschneide dir das Gesicht so gräßlich...‹«

Immer noch starrte er angestrengt auf die schwarzen Schatten, die scharf durch Ewas Gesicht schnitten.

»Man hörte sie keuchen, und dann war er auf ihr. Sie hatte keine Zeit zu schreien. Sie wimmerte – das hörten wir, und wir hörten das Bett, die albernen, unheimlichen Sprungfedern, die ›oink-oink-oink‹ machten. Dann wieder Stille, ihr Wimmern und Würgen, und wir errieten auch da, was vor sich ging.«

Er hielt inne, aber Ewa sagte nichts.

»Er hat sie gefesselt«, sagte Parker. »Sehr fest.«

Er rückte näher an sie heran und legte tröstend den Arm um sie. Seine andere Hand lag in ihrem Schoß, bis sich ihre Beine schlossen wie eine Schere und sie zurückwich, sich verhärtete und entschlossener wurde.

»Das ist die Sorte Mann, von der ich rede«, sagte Parker.

Ewa atmete langsam aus, wobei sie anzuschwellen und zu erstarken schien. »Das ist Vergewaltigung«, sagte sie. »Das ist schwere Körperverletzung. Ich würde den Mistkerl umbringen. Ich hasse die Geschichte.«

Parker ließ los. Die Schatten waren nicht von ihren Wangen gewichen, sie hatte sich auch nicht bewegt; aber sein nasses Hemd war am Rücken kalt geworden, und er fühlte, wie sich die Haut auf seinem Gesicht zusammenzog.

»Ich denke, du wirst keine Schwierigkeiten kriegen«, sagte er, und er fühlte Erleichterung, als sei auch er gerettet.

»Also, fahren wir. Wie wär's mit einem Lächeln?«

Ihr Gesicht war schön, wie gemeißelt, und schöner noch durch seine ernste Schwermut. Sie sah ihn nur an und steckte die Zunge zwischen die Lippen, aber als er den Wagen anließ, entspannte sie sich wieder.

»Ich könnte einen Kaffee gebrauchen«, sagte sie.

»Im Kaffee ist Mangan«, sagte er. »Soll angeblich sehr gut für dich sein.«

Kapitel 5 *Hat sich etwas geändert?* überlegte er, weil er sich in den letzten Tagen soviel besser gefühlt hatte. Er erwachte erfrischt und geradezu tugendhaft, als sei er gereinigt einem tiefen Quell entstiegen. Der Quell war der Schlaf. Eine Art Tod. Er träumte nicht – und wenn er träumte, erinnerte er sich an nichts. Das war ungewöhnlich. Er hatte den Schlaf immer wegen der Träume gemocht.

Er war jetzt einfacher, das wußte er. Er fühlte sich von jeglichem sexuellen Verlangen frei. Der Drang war, so schien es, aus ihm herausgerissen – ausgerissen wie eine Mohrrübe, und es herrschte wieder frisches Tageslicht, wo dichter, wogender Schatten gewesen war. Das Licht war der Grund, weshalb er so deutlich sehen konnte. Ewa neulich – er hatte sie nicht einmal berührt, außer um sie zu trösten. Es war ein gutes Gefühl: kein Blut, das ihm in den Augen pulsierte, der Triumph, eine Frau zu bewundern und sie nicht besitzen zu wollen.

»Du hast morgen eine Verabredung«, sagte Barbara erinnernd, während er sich anzog. Sie lag noch im Bett und sah aus wie ein Teil davon, mit ihrem losen Haar und dem Nachthemd, die sich über ihrer Brust verschlungen hatten.

Er wußte, was sie meinte, aber etwas störte ihn an dem Wort, und er sagte nichts – wollte nicht daran denken. Als sie den Fernseher einschaltete, zog er sich weiter an. Er hörte und sah nicht hin, und später beim Frühstück (Haferschrotbrei, Postum, eine Mandarine, trockener Vollkorntoast) achtete er auch nicht auf das Gequassel im Radio.

Er fuhr mit dem Wagen zum Bahnhof und machte um den Zeitungsstand dort einen Bogen.

Jedem, der eine Bemerkung darüber machte, daß er seine übliche *Tribune* nicht dabeihatte, wollte er energisch mitteilen: Ich habe seit Ewigkeiten in keine Zeitung mehr gesehen. Ich lese das gottverdammte Zeug nicht mehr. Sie werden alle von Republikanern gemacht, und es steht jeden Tag das gleiche drin. Der größte Teil sind Lügen, und am Ende hat man bloß Druckerschwärze an den Händen. Wenn wirklich was passiert, weiß jeder Bescheid – es liegt in der Luft.

Der Präsidentschaftswahlkampf war im Gang, und das war der beste Grund von allen, keine Zeitung zu kaufen. Was für Wahlmöglichkeiten, und man wußte schon, daß sie gräßlich waren, wenn man die Ehefrauen sah – vier herrschsüchtige Weiber, die ihren machtgeilen, gefallsüchtigen Männern unter die Arme griffen.

»Außerdem machen sie mich rabiat«, würde er hinzufügen, womit er die Zeitungen meinte.

Im Zug sah er sich nach einem guten Platz um. Er haßte Leute, die während der Fahrt flüsterten, die ihn intensiv ansahen und sich dann wegdrehten und tuschelten – er sah ein paar dieser Schleicher. Er erspähte einen freien Platz neben einem untersetzten, sorgfältig gekleideten Mann, der eine große Aktentasche auf dem Schoß hatte – keine Zeitung. Parker machte eine Bemerkung darüber: »Wir zwei sind die einzigen Leute in diesem Zug, die ihre Nase nicht in die Zeitung stecken.«

»Ich kriege meine im Büro«, sagte der Mann. »Ich habe nicht mal Zeit, sie zu lesen.«

Dann hielt Parker seine Rede gegen die Zeitungen, und der Mann lächelte und wurde freundlich. Er sagte, er habe mit Asbest und Chemieabfällen zu tun.

Parker sagte: »Das ist eine furchtbar gefährliche Arbeit. Ich bin mit den Problemen wohlvertraut.«

»Ach, ich bin bloß ein besserer Abfallbeseitiger«, sagte der Mann.

»Nein, nein«, sagte Parker. »Hören Sie, ich bin Rektor einer High School, und bei uns waren früher alle Rohre mit Asbest isoliert. Wir mußten die Schule zumachen und jeden einzelnen Schnipsel rausräumen. Masken. Handschuhe. Schutzanzüge. Der ganze Quark. Es war sehr kompliziert.«

»Die meisten Leute verstehen das nicht«, sagte der Mann und blickte erfreut.

»Da weiß ich besser Bescheid«, sagte Parker.

Es lag Stolz im Lächeln des Mannes, als er sagte: »Es ist eine Drecksarbeit. Sie würden nicht glauben, was ich für meine Männer an Versicherung bezahlen muß. Die Leute glauben, es ist leicht. Aber wie Sie bereits sagten, es ist eine hochgefährliche, hochprofitable Arbeit.«

Parker dachte mit Befriedigung, daß er das absolut nicht gesagt hatte.

»Und Sie leisten der Öffentlichkeit einen Dienst«, sagte Parker.

»Ich schätze, das tue ich wirklich«, sagte der Mann, recht zufrieden mit sich. Er hatte schmale Schultern, einen dicken Bauch und trug einen Freimaurerring, und Parker dachte über die Richtigkeit dessen nach, was der Mann gesagt hatte, daß er *tatsächlich* wie ein besserer Abfallbeseitiger aussah. Er lächelte noch immer. »Wo ist denn Ihre Schule?«

Welche Schule? dachte Parker, und dann erinnerte er sich.

»Die Lincoln High School, drüben an der Sedgwick, nahe der Superior. Es ist ein großes Granitgebäude mit einer Uhr vorne dran, die die falsche Zeit zeigt. Wir haben fast zweitausend Schüler«.

Es gab keine derartige Schule. Parker sah dem Mann ins Gesicht und forderte ihn im stillen auf, das alles zu bestreiten.

»Ich habe davon gehört«, sagte der Mann, und als Parker nicht antwortete, setzte der Mann noch hinzu: »Ich habe Erfreuliches darüber gehört.«

Er nahm es hin, nahm die Schüler, den Rektor hin, dachte sich den guten Ruf aus, glaubte das alles, weil er wie die meisten Menschen – Parker wußte das –

nur an sich selbst dachte und nichts weiter tat, als den Mund zu bewegen.

»Haben Sie immer noch Probleme mit der Isolierung?«

Das war typisch. Parker hatte von seiner Schule gesprochen, und alles, was der Mann gehört hatte, war die Erwähnung des Asbests.

»Wir haben einen alten Luftschutzbunker, den wir uns noch nicht näher angesehen haben.«

Der Mann zog eine Geschäftskarte aus seiner Brieftasche. Darauf stand in imposanten Lettern *Baskies Abfall-Intervention*. Parker befühlte die Karte, und dann tat ihm der Mann allmählich leid.

»Das bin ich: Harry Baskies. Mein Buchhalter hat sich den Namen ausgedacht – nicht schlecht, hä?«

Er dachte immer noch an sich – man sah es seinem fleischigen Gesicht an –, als er sich umdrehte und dem Fenster zulächelte. Parker stellte sich vor, wie der Mann sein Gesicht im Schlafzimmerspiegel betrachtete und es rasierte, indem er sich langsam über die Wangen und um die Lippen herumschabte – und es erschien ihm fast tragisch, daß er diese nutzlose Arbeit jeden Tag am selben Gesicht verrichtete.

Parker wollte etwas sagen, hielt aber dann inne, als er sah, daß sie an der Ecke Clark/Division waren. Er konnte die Marlboro-Reklame sehen. Der Mann hievte sich aus seinem Sitz.

Parker fand es schade, daß keine Zeit war, noch mehr zu sagen. Er kam sich mitteilsam, erfinderisch, kraftvoll vor. Er konnte Leute davon überzeugen, daß er gerade einen Supertanker durch den Sankt-Lorenz-Strom gelotst hatte. Daß er erst vor kurzem von einer langen Europareise zurückgekehrt war. Daß er bei einem Fahrradunfall schwer verletzt worden war. Daß seine Aktien beim Börsenkrach am Schwarzen Montag eine Viertelmillion Dollar an Wert verloren hatten. Daß er Großhändler in Schwimmbadchemikalien und -zubehör war. Und hinterher würde er seinen Zuhörern genau in die Gesichter sehen wollen.

Und mehr als alles andere wünschte er sich, einer intelligenten Frau zu begegnen. Sie würde es zu würdigen wissen, wenn er ihr das Geheimnis erzählte, das er entdeckt hatte, und das war eine Tatsache: Daß wir alle – alle Menschen – uns von der Geburt bis zum Tod auf Parallelen bewegen. Die Parallelen waren der Grund dafür, daß die Menschen so einsam waren – jeder, dem Parker jemals begegnet war. Nur er selbst nicht.

Parker war es gelungen, querdurch abzukürzen, sich den anderen anzunähern: Er bewegte sich nicht in gerader Linie. War es ein Schild, auf das er blickte, oder weil der Zug in die LaSalle einfuhr, daß er an das Wort *Loop* denken mußte? Was immer es auch war, es war das richtige Wort: *Loop. Looping.* Sein Leben beschrieb eine Kurve, und als Ganzes würde es eine volle Drehung beschreiben. Er war der Tyrannei der Parallelen entkommen.

Bis jetzt war die Drehung unvollständig, und doch: Welch unglaubliche Dinge hatte er gesehen, was für Menschen war er begegnet, welche Geheimnisse kannte er.

Viele verschiedene Menschen brauchten ihn, weil er wußte, wie sie zu beruhigen waren; wie zum Beispiel der Abfallbeseitiger in der Bahn, der sehr zufrieden mit sich ausgestiegen war. Auch Ewa hatte ihn nötig. Er wußte nicht, wo sie wohnte oder wo sie arbeitete. Es gab noch so vieles an ihr zu entdecken – er hatte so viele Möglichkeiten, es herauszubekommen. Und die Unterhaltung gestern im verriegelten Wagen im Parkhaus hatte ihn in Erregung gebracht. Und er dachte, daß sie doch vielleicht diese intelligente Frau war, der er seine Geheimnisse preisgeben könnte: Daß sie ihn verstehen würde.

Im Büro sagte Rosalie: »Wie lief denn gestern Ihre Verabredung?«

Er haßte sie dafür, daß sie ihn an Ewa erinnerte, daß sie ihn verwirrte, daß sie dieses Wort gebrauchte und wieder darauf brachte, was Barbara gesagte hatte: *»Du hast morgen eine Verabredung.«* Verabredungen ließen ihn immer an das stetige Einerlei von Sex und Lächeln denken, wie Menschen, die blind aßen, ihre Hände zu ihren Mündern hoben und sich mit vorhersehbaren, freudlosen Bewegungen vollstopften.

Er schrie beinahe, sein Gesicht verdunkelte sich, aber sie hatte das Haus an der Ecke Harrison/South Federal gemeint.

»Wertvolle Bauplätze kriegt man nicht, indem man an die Tür klopft und die Leute fragt, ob sie die Arbeitsvorschriften verletzen«, sagte Parker.

Rosalie wurde sehr still und machte einen runden Rücken, und ihre neue Frisur – diese Perücke aus toupierten und verdrehten Strähnen – ließ sie erbärmlich aussehen, als hätte sie ihr jemand auf den Kopf geklatscht, um einen Narren aus ihr zu machen.

»Gibt's 'n andern Weg, Parker?«

Es war Frank Keedy, der erhitzt aussah – das Hemd feucht und verfärbt, das Gesicht gerötet –, als er in Parkers Büro trat.

»Man forscht die Sache aus. Man setzt 'n bißchen Grips ein«, sagte Parker. »Man klopft nicht an und sendet keine direkten Signale aus.«

»Aber man hält vielleicht Termine ein«, sagte Keedy. »In dem Memo steht auch, daß Kegler Textilien am Ende dieser ganzen Querverbindungen steht und daß sie einer Schließung des Gebäudes bereits zugestimmt haben. Wenn wir bei dem Grundstück nicht schnell handeln, steckt sich's irgendein Araber in die Tasche und reitet es in Grund und Boden, damit er's als Abschreibungsobjekt benutzen kann.«

»Glaubst du, ich will Geld dran verlieren?« fragte Parker.

»Nein, aber du wirst kein Klo draus machen wollen«, sagte Keedy. »Und wenn, wird's 'ne Münztoilette.«

»Weißt du, was ein Hitzschlag ist?« fragte Parker.

Keedy preßte die Lippen zusammen und schniefte gereizt durch die Nase, aber er war bereits dabei, sich zurückzuziehen.

»Irgendeine Vorstellung von der verheerenden Wirkung, die so was auf ein sechs Monate altes Baby hat – Schüttelfrost, Krämpfe, vierzig Fieber?«

Keedy begann sich langatmig zu entschuldigen.

»Damit hab ich mich gestern beschäftigt«, fiel ihm Parker ins Wort.

Und als Keedy bis ganz zur Tür zurückgewichen war und sich von neuem entschuldigte, drehte ihm Parker den Rücken, zog den Reißverschluß seiner Aktentasche zu und sagte: »Ich war gerade auf dem Weg zur South Federal.«

»Ich hab die Sache schon ausgeforscht«, sagte Keedy, und Parker hörte an dem Ton – er war geradezu kummervoll –, daß der Mann niederträchtig war. »Morgens früh gehen da siebenundachtzig Leute rein, und nachts brennt immer noch Licht. Es sind alles Frauen. Die meisten Latinos. Könnte 'ne Sprachbarriere geben. Du solltest Perez mitnehmen.«

»Ich suche ein Baugrundstück«, sagte Parker. »Es geht nicht um einen Freundschaftsbesuch.«

»Der letzte Typ, für den ich gearbeitet habe, LeBaron, verließ nie das Büro«, sagte Keedy. »Hatte keine Ahnung, wie man eine Immobilie saniert. Der hatte es bloß mit der Werbung.«

Keedy versuchte ihm plump um den Bart zu gehen,

und trotzdem hatte Parker das Gefühl, daß dieser andere – sein Vorgänger – gut und gewissenhaft gewesen war, ein schlichter Bursche, der schlecht aß und keine Geheimnisse hatte.

Es war ein großes braunes Gebäude hinter der Printers' Row, und Parker war sicher, daß es keine Probleme damit gäbe, die Backsteinhülle zu entkernen. Es war wahrscheinlich billig von jemandem gemietet worden, der wieder auszog, sobald ein Verkauf rechtskräftig unter Dach und Fach war; es sah unbenutzt aus, war halb baufällig und wahrscheinlich eine Feuerfalle. Es war so verfallen, daß es nie in Verdacht geraten war. Jeder würde dran vorbeigehen, ohne stehenzubleiben: das Finanzamt, die Stadt, die Einwanderungsbehörde, die Bullen. Nur wirklich gewiefte Altbausanierer wurden angelockt, und in diesen Zeiten mit ihren so hohen Darlehnszinsen waren weniger davon unterwegs. Trotzdem wußte Parker, er hatte Konkurrenz.

Er schlich eine Weile drum herum und guckte hoch. Das zehnte und elfte Stockwerk waren ohne Zweifel belegt: die meisten Fenster angekippt wegen der Hitze, einige gestrichen oder überklebt und mit Pappe vernagelt. Er zögerte, er versuchte es an einer Tür – verschlossen. Er ging zur Vorderseite und sah, daß der Haupteingang mit Brettern vernagelt war. Es handelte sich also um ein Haus, das als leer galt – und egal, was das Finanzamt und die Einwanderungsbehörde dazu zu sagen hatten, es handelte sich um eine Übertretung der Feuerschutzbestimmungen der Stadt. Menschen, die in einem Gebäude mit vernagelter Tür arbeiteten! Kein Ausgang! Er ging wieder nach hinten, und diesmal sah er, wie sich drinnen jemand bewegte.

»Hallo«, rief er. »Aufmachen.«

Die Frau öffnete den Mund und sah hinter der Glasscheibe wie ein Fisch aus, der in einem Aquarium nach Luft schnappte. Sprach sie vielleicht? Parker hörte es nicht. Er machte eine Bewegung mit der Hand, die besagte, er verstehe nicht, und eine andere Geste, daß sie öffnen solle. Die Frau machte ein ängstliches Gesicht. Parker lächelte, zuckte mit den Schultern und gab sich ein harmloses Aussehen. Darauf wirkte die Frau wieder nur zögerlich und nervös wie ein Fisch.

Sie machte die Tür einen Spalt weit auf. Sie sagte: »*No inglés.*«

Parker stieß der Frau die Tür ins Gesicht und drückte sie gegen die Wand.

»Das war Ihre eigene Schuld«, sagte er auf der Treppe. Er stieg ein Stockwerk nach oben – horchte, stieg noch eins höher – horchte. Die Frau unten war still, wahrscheinlich verschreckt, aber von oben hörte er das Surren von Maschinen im Treppenhaus. Er stieg ohne jede Mühe vier, fünf Treppen weiter nach oben – jemand mit der amerikanischen Zucker-Salz-Fett-Durchschnittsernährung hätte schon im Parterre aufgegeben oder so lange rumgemeckert, bis der Fahrstuhl gekommen wäre, er wußte das.

Über ihm kam jemand die Treppe herunter. Parker blieb stehen. Er hörte, wie eine Tür aufging und sich schloß. Er horchte weiter – Wasser lief: Es mußte das Klo sein. Er schlich auf die Tür zu, baute sich davor auf und wartete, bis die Frau herauskam: dunkles Haar, dunkle Augen, ein Indiogesicht. Sie blickte starr geradeaus und ging ohne ein Wort an ihm vorbei, absolut *no inglés*.

Er überlegte, ob er weitergehen sollte. Schließlich nahm er die nächste Treppe, aber langsam – er hatte keine Lust, plötzlich vor einem Raum voller Menschen zu stehen oder Auge in Auge mit einem von den Schlägern, die manchmal solche Häuser bewachten. Trotzdem, er mußte das alles aus der Nähe sehen und eine günstige Stelle finden, von wo aus er eine Nahaufnahme schießen konnte – ein mitleiderregendes Gesicht oder eine Frau, die sich an einer Maschine abquälte, das wäre nützlich, dachte er. Wenn sie auf ausgezehrte Art attraktiv ist, irgendwie ausgelaugt und schön.

Eine Tür schlug zu, und Füße begannen die Treppe runterzutrippeln, jemand, der sich schnell bewegte – eine Frau.

»Hi«, sagte er.

»Hi.« Sie war jung, ziemlich fett und blaß, mit Hitzeflecken auf den Wangen. Sie trug ein T-Shirt, Shorts und Gummilatschen.

»Darf ich Ihnen eine Frage stellen?« sagte Parker. »Ich bin von der Feuerwehr.«

»Einen Moment bitte.«

Sie eilte durch die Tür in die Toilette, und Parker ging ein Stück weiter. Er hatte nicht das Verlangen, etwas zu hören, haßte allein schon das Geräusch, das es machte, das unstete Getröpfel einer Frau auf dem Klo. Sie war gleich wieder auf dem Treppenabsatz und wischte sich die nassen Hände an ihrem T-Shirt ab.

»He, haben Sie was gerochen?«

Das hatte sie sich ausgedacht, als sie da drin war.

»Das ist gut«, sagte Parker. »Gefällt mir. Nein, wir kontrollieren gerade leere Gebäude hier in der Gegend. Jemand da oben?«

»Nur ungefähr 'ne Milliarde Leute«, sagte sie. »Was ist los?«

Parker hatte begonnen, sie anzustarren, und ein Auge zugekniffen.

»Nichts«, sagte er.

»Hören Sie nicht die Maschinen? Den ganzen Krach? Es ist glühendheiß, und da sind ungefähr zwei Millionen Latinofrauen, die alle wie verrückt stricken, zuschneiden und nähen.«

»Wie viele genau?«

»Wer will das wissen?«

»Hab ich Ihnen doch gesagt«, antwortete Parker. Sein Körper war melancholisch und schwer geworden, ohne daß er den Grund dafür hätte benennen können, und die Verwunderung in seinem Kopf war ebenfalls eine Art Schwere. Er mußte sich die Lippen lecken, als er sagte: »Die Feuerwehr.«

»Weil sich die Gewerkschaft schon um unsern Fall gekümmert hat, deswegen frage ich. Die haben ungefähr fünfhundert ...«

»Bitte«, sagte Parker. »Sagen Sie mir nur ...«

»He, Mister«, sagte sie und lächelte krumm, um ihm zu zeigen, daß sie voller Spott war.

»Sind es alles Latinos?« gelang es Parker zu fragen.

»Yeah. Und der Besitzer ist aus dem Iran. Glauben Sie über Kegler Textilien keinen Scheiß, daß die was anderes als arabisch wär'n. Sadeek wiegt ungefähr 'ne Tonne, und er schmiert sich zwei Eimer Schmalz in die Haare und kloppt ständig auf uns rum – ich meine, auf mir und meiner Freundin Sharon. Wir sind die einzigen Weißen hier. Ich sage immer: ›Sharon, irgendwo muß es 'n besseren ...‹«

Parker konnte nicht mehr zuhören. Er wurde noch trauriger. Seine Zunge war zu dick zum Sprechen. Er griff nach dem Treppengeländer und überlegte, ob er weinen müsse. Es war möglich. Er wollte nicht, daß es jemand sähe – aber dieses Mädchen war eine Fremde, also war es vielleicht auch egal. Trotzdem mußte er weg. Dabei kam es ihm mühsam und gefährlich vor, die steile Treppe hinunterzusteigen.

»He, Mister«, sagte das Mädchen, während er nach unten lief. »He, Mister«, sagte sie. »He ...«

Dann war der nächste Tag da, und er hatte das Gefühl, es sei äußerst wichtig, seine Verabredung einzuhalten.

Im Hotel wußte er genau, was der Mann an der Rezeption dachte: *Wenn du in Evanston wohnst und in diesem Hotel im Loop absteigst, muß in deinem Leben irgendwas nicht in Ordnung sein.* Denn das Blackstone war eine ziemlich schäbige Bleibe, und um so schäbiger, als es versuchte, seriös zu wirken. Es war immer so staubig im Loop, und der Juni war ein stickiger Monat.

Aber Parker lächelte ihn nur an – seine Art, die Mutmaßungen des Empfangschefs zurückzuweisen. Sein Lächeln sagte: *In meinem Leben ist alles in Ordnung.*

»Möchten Sie es für eine oder zwei Personen?« fragte der Mann mit einer Falschheit, die höflich sein sollte. Er schrieb noch immer auf Parkers Anmeldeschein herum.

»Zwei.«

Der Mann hob den Blick zu Parker.

»Es kommt später noch jemand dazu.«

Jemand war ein bedenklich ungenaues Wort – ebenso *dazukommen* und *später.* Diese Wörter enthielten einfach nicht genug Informationen, vielmehr waren sie mit allen möglichen Bedeutungen angefüllt. War »jemand« ein Mann? Eine Frau? Ein Kind? Hieß »dazukommen« bleiben oder schlafen oder was? Und »später« konnte schlicht alles bedeuten. Parker genoß den aufgesetzt sachlich erscheinen wollenden Ausdruck im Gesicht des Mannes. Er redete gern deutlich mit Fremden, ohne ihnen irgend etwas mitzuteilen.

Im Zimmer sah er überall nach, um sicherzugehen, daß es sauber war: zog die Schubladen heraus, untersuchte die Schränke, schlug das Bett auf, kontrollierte das Bad. Er stapelte die Kissen am Kopfende auf, legte sich, mit dem Rücken dagegengelehnt, hin, trank das Seltzer, das er in seiner kleinen Reisetasche mitgebracht hatte, und sah fern. Er entschied sich für einen Tierfilm, nachdem er kurz in die Nachrichten, die Serien, den spanischen Kanal, die Trickfilme und das Wetter reingesehen hatte. Er trank in kleinen Schlucken, horchte zur Tür hinüber und sah sich den »National Geographic Explorer« an, die exzentrischen Nistgewohnheiten des afrikanischen Witwenvogels. Während seine Erinnerung zur gestrigen Begegnung in dem Ausbeuterbetrieb zurückwanderte, konzentrierte er sich auf die Einzelheiten des Films – die gewaltige Menge an Zweigen hoch oben auf dem Dornbaum, das war das Nest des Witwenvogels – und auf den langen, schönen Schwanz des Vogels, der herabhing und beim Fliegen schaukelte.

Das Klopfen ertönte um acht, und Parker schaltete den Fernseher aus, bevor er zur Tür ging.

Sie war größer, als er erwartet hatte, und trug ein schwarzes Kleid und rote Schuhe. Trotz der Hitze hatte sie ein Seidentuch um den Hals und enge, geknöpfte Handschuhe.

»Komm rein«, sagte er, und sie glitt an ihm vorbei – nichts als Duft, Parfüm, Haarspray, Deodorant, selbst der Geruch der Straßen Chicagos, Staub, Abgase und Zigarrenrauch hingen in ihren Kleidern, und es war, als trete die Welt in das kleine Zimmer.

Sie ging immer weiter, ohne sich zu ihm umzublicken, und dann sah er, daß sie, im Haar festgesteckt, einen kleinen Hut trug.

»Wie heißt du?«

»Vivian.«

»Ist das einer von den Namen, die etwas bedeuten?«

Sie sagte: »Er bedeutet, daß meine Mutter früher viel ins Kino gegangen ist.«

Sie war an dem Zimmer nicht interessiert, in so vielen Zimmern, die diesem genau glichen, war sie gewesen. Ihre Aufmerksamkeit war auf Parker gerichtet, und sie schien es nicht erwarten zu können anzufangen.

»Setz dich«, sagte er.

»Ist okay«, sagte sie. Ihre Stimme hatte etwas Nervöses, einen leicht gereizten Unterton. Aber er war glücklich, sie auf diesen unglaublich hohen Hacken stehen und herumstolzieren zu sehen.

»Möchtest du über das Geld reden?«

Sie zögerte nicht: Ihre Antwort kam, als sei sie darauf vorbereitet.

»Wenn darüber geredet werden muß, bin ich sofort wieder draußen.«

Er sah sie an und nickte, womit er in alles einwilligte.

»Dreihundert«, sagte sie.

»Was bekomme ich dafür?«

Er hatte bereits begonnen, ihr das Geld auf die Hand zu zählen. Er war fasziniert von ihrem Handschuh.

»Eine Sklavin«, sagte sie, steckte die Geldscheine in ihre Handtasche und schnappte deren Bügel zu.

Sie hatte *Sklavin* sehr gedehnt gesagt und ihre Zähne gezeigt, und das Wort zitterte in der Luft, während er sie betrachtete und den Sitz ihres Kleides, ihren Lippenlack, ihre vollen Brüste bewunderte. Es lag ein leichter Schweißschimmer auf ihrem Gesicht und dem Hals. Die Schuhe verliehen ihr Größe – sie war fast so groß wie er –, und ihr Parfüm war wie süß duftendes Gift.

»Du könntest bereuen, daß du das gesagt hast.«

»Laß es mich bereuen«, sagte sie.

Die ganze Außenwand des Hotels entlang schienen die Klimaanlagen mit ihren winselnden Motoren die Nacht zu durchkämmen. Parker hörte sie und verstand nicht, warum seine Hände so feucht waren. Er setzte sich und wurde ruhig, während er scharf nachdachte; kein Wort drang zu ihm.

Er sagte: »Zieh dich langsam aus, aber behalte die Schuhe an. Setz dich nicht. Nimm nichts von deinem

Schmuck ab. Mir gefallen diese Halskette, diese Armbänder, die Ohrringe.«

Sie pellte sich aus ihren Handschuhen, und dann schlüpfte sie aus ihrem Kleid. In ihrem langen, braunen Haar waren Strähnen: rot und gold, und es bebte, als sie sich zurücklehnte und an ihrem Rücken herumfummelte, um den BH aufzumachen. Sie warf ihn zur Seite und benutzte beide Hände, um ihr Höschen nach unten zu schieben, und als es an den Knöcheln ankam, trat sie aus ihm heraus. Und dann stand sie nackt vor ihm in ihren hohen Pumps und dem Schmuck, in dem sich das Licht der Lampe am Spiegel brach.

»Was verlangst du?« fragte sie.

Seine Lippen waren trocken, und er zitterte ein wenig.

»Ich rühre mich nicht«, sagte er – und er war froh, daß sie nicht neben ihm stand, daß sie das Zittern in ihm nicht spüren konnte. »Ich bleibe hier sitzen. Besorg es dir selbst, und laß dir Zeit dabei.«

Sie schien unsicher, und erst jetzt sah sie sich im Zimmer um – verlegen, bis sie einen flüchtigen Blick auf ihr Bild im Spiegel warf; da packte sie ihre Brüste und seufzte. Sie streichelte sich zwischen den Beinen, spreizte sie und beugte den Rücken. Ihre Hände bewegten sich mit geschäftigen Fingerspitzen liebkosend über ihren Körper. Parker war erregt, als er sah, wie sie sich im Spiegel auf sich konzentrierte – wie sie keine Notiz von ihm nahm. Er war für sie nicht da, und es machte ihm Vergnügen, ihre Finger auf ihrer Haut zu sehen. Zuerst schien sie die Sache in die Länge ziehen zu wollen, als spiele sie auf einer Bühne, dann aber beschleunigte sie ihre Bewegungen, schien vollkommen in die Sache vertieft und ohne eigenen Willen. Es war ein Stocken in ihrer Kehle und eine Gespanntheit in ihren Armen und Beinen. Sie gab ein lautes lustvolles Stöhnen von sich, und dann sank sie auf die Knie und ließ den Kopf hängen. Sie war fertig.

Nachdem sie wieder zu Atem gekommen war – noch immer auf den Knien –, kam sie auf allen vieren auf ihn zugekrochen. Bei ihrem Anblick verging ihm all sein Verlangen, und als sie ihn berührte, empfand er nur Furcht.

»Laß es mich versuchen«, sagte sie. »Ich kenne mich aus.«

Er erhob sich, unbeholfen protestierend, und blickte auf sie hinunter, wie sie zu seinen Füßen hockte.

»Was ist los?«

»Nichts«, sagte er und klang verängstigt. »Ich bin nicht in Stimmung.« Sie streckte wieder die Hand nach ihm aus. Er sagte: »Bitte!«, und es war ein Kreischen.

Da stand die Frau auf und sah ihn mit ungeheurem Mitgefühl an. Sie schlang ihre Arme um ihn, verschränkte die Hände hinter seinem Rücken und drückte ihn an sich. Sie war sanft, ihr Körper warm an seinem.

»Denk nicht drüber nach«, sagte sie.

Sie nahm die Perücke ab und wickelte sich in ein Badetuch.

»Ich rufe den Babysitter an«, sagte sie und wählte, auf dem Bettrand sitzend, die Nummer.

Parker fühlte sich klein und dunkel in dem großen, weichen Sessel.

»Hier ist Barbara«, hörte er. »Alles okay?«

Parker hörte ein ungewöhnliches Geräusch und empfand Ekel, als er sah, daß es Barbara war, die sich mit der Spitze ihres Zimmerschlüssels am Kopf kratzte.

»Achten Sie drauf, daß er genug zu trinken kriegt – es ist so verdammt heiß.« Sie drehte sich zu Parker um, sprach aber weiter ins Telefon. »Wir kommen nicht spät, spätestens um eins.«

»Zwölf«, sagte Parker. »Ich muß noch einen Bericht schreiben.«

»Zwölf«, sagte Barbara. Sie legte auf, ging zu ihm und küßte ihn. »Wie war ich, Liebling?«

»Gut«, sagte er, aber er ließ das Wort nichtssagend klingen und sah weg, als habe nichts von alledem mit ihm zu tun.

»Ich habe Hunger«, sagte Barbara und guckte in die Speisekarte des Zimmerservice, dann wählte sie die Nummer.

Parker hörte gleichgültig zu, und dabei hatte er in seinem Sessel das Gefühl, am Rand eines Berges zu stehen, einen langen, dämmerigen Abhang unter sich, in eine Finsternis mündend wie ein schwarzer See, der kleine Wellen an das nahe Ufer warf.

»Heiße Pastrami und Käse auf Roggenbrot«, sagte Barbara gerade ins Telefon. »Kohlsalat. Pommes frites und Kaffee mit zwei Stückchen Zucker.«

»Das Ganze zweimal«, sagte Parker.

Kapitel 6 Die Abfassung des Berichts über seine Vorstellungen, wie man das Gelände des Ausbeuterbetriebs erwerben könne, half nicht. Sie bewirkte nur, daß er seine Arbeit haßte und sich dafür verachtete. Und er wußte, was er wegließ: Er war sich seiner Entstellungen bewußt. Gerade die Formulierungen, die zu benutzen er zu ängstlich war, blieben ihm im Gedächtnis haften. Nun gab es nur noch eines, über das er nachdenken konnte.

In seiner Erinnerung sah er vage eine Frau, die an einen Stuhl gefesselt war und den roten Dreß einer Tänzerin trug. Sie lächelte, dann protestierte sie mit weit aufgerissenen, aus den Höhlen tretenden Augen, als ihr der Mund mit einem Knebel verschlossen wurde. Er roch ihre Erregung und dann den Kotzegestank ihres Entsetzens. Bald war alles ein einziges Durcheinander, und Parker mußte sich von dem Anblick losreißen. Dennoch, er wußte davon – nicht genug, um verzagt, aber genug, um bekümmert zu sein.

Für all das hatte er weder einen Namen noch ein Wort. Er überlegte, ob er es sich nur ausgedacht hatte. Er erinnerte sich, daß es an dem Tag gewesen war, als er beinahe von dem Bus getötet wurde – als er eigentlich hätte sterben sollen, es aber nicht getan hatte.

Wen gab es, den er danach fragen konnte? Dabei hatte er es sich ganz sicher ausgedacht – er wußte, er war nicht gewalttätig. Es war ein Mißverständnis. Vielleicht hatte er es sich nur innerlich gewünscht, und jetzt konnte er es wegwünschen. Aber was war die Wahrheit? Er wußte, ihm würde nichts gelingen, bis er die Fakten kannte.

Er begann, die Zeitungen zu lesen. In der *Tribune* stand nichts, aber in der *Sun-Times* fand er eine Meldung mit der Überschrift »WOLFSMENSCH IN MORDFALL NOCH NICHT GEFASST«, worin von einem »bestialischen Mord auf der Southside« die Rede war, zwei kurze Absätze. Und »Wolfsmensch« – war das er? Er las auch weiter Zeitung, in der Hoffnung, der Wolfsmensch werde ein zweites Verbrechen begehen und damit Parkers Unschuld beweisen. Er hielt intensiv Ausschau, sah fern, lauschte auf das Getuschel im Zug, doch tröstete ihn keine der Gewalttaten in dieser gewalttätigen Stadt, und was er hörte und las, erschien unbedeutend im Vergleich mit dem, was der Wolfsmensch getan hatte.

Das Berichte-Schreiben löste nichts – es machte ihn nur ängstlich, und in diesen Tagen stellte er fest, daß ihn sein Nichtstun und die Unlust, am Schreibtisch zu sitzen, sehr hungrig machten. Seine strenge Diät reichte ihm nicht mehr. Das Essen, das er sich beim Zimmerservice im Blackstone bestellt hatte, war der Beginn einer ganz neuen Eßroutine, und was er jahrelang nicht angerührt hatte, das aß er jetzt ständig. Er aß Eier, gebraten und mit den Dottern, Speck und mit Butter bestrichenen Toast, dicke Scheiben Schinken. Er trank Milch und aß Hot dogs von Straßenbuden, das Brötchen mit Sauerkraut vollgestopft. In der fettigsten kantonesischen Kaschemme in der South Wentworth kehrte er zu chinesischem Essen zurück. Es war eine gute Entscheidung. Immer wieder verdarb er sich den Magen – und übergab sich in der Ecke des Parkplatzes, wo die Leute hingepißt hatten, und alles war stinkig und widerlich; und doch wich ein Teil seiner Angst von ihm. Er bestellte sich zwei Portionen, aß Torte und Rocky-Road-Eiscreme mit verschiedenen Garnierungen, und er wußte, die Ananasstücke kamen aus der Dose. Es war egal. Das Essen war ein Trost, und wer war's denn, der gesagt hatte: Ich liebe chinesisches Essen – schlürf-knirsch, schlürf-knirsch?

Er stellte seine Frage nicht laut, denn er fürchtete die Antwort. Was ihn am meisten schmerzte, war, daß die Wahrheit möglicherweise sehr leicht zu finden war. Er wünschte sie sich schwierig, aber er wünschte sich auch, entlastet zu werden. Und so machte er sich auf die Suche.

Mit Sharon mußte er anfangen. Er erinnerte sich an ihre Adresse von dem Moment, als sie zu dem Taxifahrer gesagt hatte: »South Blue Island Avenue, gleich an der Throop.« Was, wenn alles nur Einbildung war, eine Folge des Fastens und Hungerns, und es hatte gar keinen Abend, kein Mädchen, keinen roten Dreß gegeben? Er wollte es wissen. Vielleicht gab es gar kein Wohnhaus unter dieser Adresse.

Aber es gab eines, einen siebenstöckigen Kasten aus braunem, staubigem Backstein, mit Fensterrahmen, von denen die Farbe abblätterte, und einer gräßlich zerhackten Eingangstür, auf die riesige Initialen gesprayt waren, als erhöben irgendwelche Vandalen Anspruch auf das Haus. Es waren Eisengitter vor allen unteren Fenstern. Parker konnte sich an nichts von alldem erinnern. Es war mitten am Nachmittag, und wenn es sie gab, war sie zu Hause.

Parker hatte seinen Wagen drei Straßen entfernt, am South Water Market, stehenlassen, wo ein paar Polizisten beieinander standen. Es war eine miese Gegend, und er hatte Angst um seinen teuren Wagen. Er lief durch die heiße, verbrauchte Luft, frohgestimmt durch den Anblick ihm unbekannter Gebäude und heruntergekommener Straßen, und dachte: *Hier bin ich noch nie gewesen.*

Es standen keine Namen an den Klingeln, und die Eingangstür war so übel zugerichtet, daß sie nur angelehnt war, das Schloß war herausgeschlagen. Das Treppenhaus war rußig und dunkel, und irgendwas in der Luft machte ihm das Atmen schwer – drei Treppen, und auf dem dunkelsten Treppenabsatz bekam er fast einen Würgreiz. Der Staub brannte ihm in den Augen. Auch hier stand kein Name.

Die Tür war schwarz gestrichen, und eine schwache Glühbirne baumelte von der Profilblechdecke.

Was machte es, wenn eine erschrockene Wahnsinnige die Tür aufriß und ihn beschuldigte, sie überfallen zu wollen? Dann würde er zumindest die Wahrheit kennen. Er wünschte sich, daß sie ihn beschuldigte, ja, eine Szene machte, ihn dafür bestrafte, daß er sie belästigte – daß sie am Leben war.

Die Klingel ertönte drinnen, mehr ratternd als klingelnd, und das Geräusch ließ das Innere riesig und hohl erscheinen, ein Echo in leeren Räumen. Er drückte ein zweites und drittes Mal auf die Klingel, während er sich nach den Echos die Zimmer vorstellte, und erst da sah er, daß die Tür mit schweren Vorhängeschlössern versperrt war. Es war niemand drin. Vielleicht war sie umgezogen? Vielleicht stand er vor der falschen Tür?

Sein beharrliches Klingeln hatte eine Nachbarin aufgescheucht, und noch eine zweite Tür auf der Etage öffnete sich – nicht weit, nur so weit, daß das große, schlaffe Gesicht einer alten Frau sichtbar wurde. Sie hatte eine Schürze um, ihr Haar war zerzaust, sie sah erhitzt und verängstigt aus. Sie drehte sich ein wenig herum, und Parker sah, daß sie an einer Schulter einen Buckel hatte, sie stand gebückt und schief da und machte die Tür mit ihren dicken, deformierten Händen langsam wieder zu.

»Ich suche die Frau, die hier wohnt.«

Er machte eine Handbewegung hinüber zu der schwarzen Tür und den Vorhängeschlössern.

»Sie ist nicht da ...«

Hoffnung dehnte Parkers Herz und gab ihm Kraft, denn »*Sie ist nicht da*« bedeutete, sie war einfach ausgegangen.

Aber die stockende Stimme der Frau war für ihn durch den schmaler werdenden Spalt der Tür noch vernehmbar.

»Sie ist tot« – und die Tür schlug zu und nahm das Licht mit.

Parker rannte hinaus auf die helle Straße und dachte: *Ich sterbe*.

Er fuhr nicht nach Hause – er konnte nicht. In Barbaras Gegenwart würde er sich unwohl fühlen, und ihr wollte er sowieso nichts beweisen. Und das Baby würde ihn stören, Parker würde den Kleinen nicht richtig halten können, er würde ihn drücken, und das Kind würde schreien. Mutter und Kind schienen das Haus anzufüllen: Entweder sah man oder hörte man sie ununterbrochen.

Plötzlich brauchte er Ewa, die eine Fremde war. Er wollte ihr beweisen, daß sie von ihm nichts zu befürchten hatte. Er nahm an, er hatte ihr angst gemacht im Parkhaus, und nun mußte er sie um alles in der Welt beruhigen. Wenn ich das nicht tun kann und sie trösten, dachte er, verdiene ich zu sterben.

»Ich würde gern mit dir essen gehen«, sagte er auf ihren Anrufbeantworter. »Ich rufe in einer Stunde wieder an.«

Er war zum Loop zurückgefahren, war noch immer

dort und überlegte, ob er in sein Büro gehen sollte. Aber statt dessen ging er im Schatten der Hochbahn spazieren, kaufte sich die Abendzeitung und durchsuchte sie nach Meldungen über den Wolfsmenschen. Er fand keine. Entsetzt versuchte er sich vorzustellen, was ein Mörder tun mußte, um den Namen Wolfsmensch zu verdienen.

Und er überlegte, was Ewa sagen würde, wenn er sie nach diesem Mord fragte. Entsetzt würde sie sein, wenn er ihn zur Sprache brachte. Allein schon an der Art, wie darüber geschrieben wurde, erkannte man, daß es ein grauenhaftes Verbrechen gewesen war, das allen im Bewußtsein haftete – die Leser kannten die Einzelheiten, aber warum wußten sie mehr als er?

Beim Laufen fielen ihm bestimmte Details wieder ein, was es noch schlimmer machte, weil sie an sich widerwärtig waren – sie hatten etwas sonderbar Eingeschrumpftes an sich, als verwesten sie in seiner Erinnerung. Er erinnerte sich an die eingeschlagene Haustür, die stehende Luft in dem Treppenhaus, und das alles machte ihm angst. Bestimmte überbetonte Wörter, der Name Sharon, verknäulte Frauenkleider im Rinnstein, ein Mädchen in einem Bus mit offenem Mund und zurückgeneigtem Kopf, wie um ihre Kehle darzubieten, das bläßliche Bündel aus Muskeln, Sehnen und Haut an ihrem Hals, eine Frau unter einem Haartrockner, die aussah, als werde sie gerade auf dem elektrischen Stuhl hingerichtet, die Erinnerung an Mapplethorpes gewalttätige Fotos, die raffinierten

Bittanzeigen in der Zeitung unter »Persönliches«. Jeder, der lachte, schien voller Triumph über *ihn* zu lachen, und menschliche Stimmen brachten ihn zur Verzweiflung.

In einer Schlange vor einer Dairy-Queen-Softeisbar, wo er nach einem »Mr. Misty Freezy« anstand, hörte er hinter sich jemanden tatsächlich das Wort »Wolfsmensch« aussprechen – eine dicke, zornige Frau, die mit ihrer kleineren Freundin redete, allerdings wagte Parker erst ein paar Minuten später hinzusehen. In dem Moment machte er sich darauf gefaßt, daß ihm jemand die Arme auf den Rücken drehte. Er probierte es noch mal bei Ewa, und diesmal war sie da.

»Ich will gerade zum Sport«, sagte sie, als wüßte er alles darüber, und glaubte, daß sie ihm damit versehentlich verraten hatte, dort zu arbeiten – wo immer es war.

»Ich muß dich sehen«, sagte er.

Ihr Schweigen machte ihn unsicher, und ihm kam zu Bewußtsein, daß er den gleichen Satz schon einmal zu ihr gesagt hatte, daß sie sich daran erinnerte – aber warum war es damals so dringend gewesen? Er wußte es nicht mehr.

Sie nannte ihm die Adresse des Sportstudios – es war in der South Clark, nicht weit vom Burger King, überall Schwarze, und Parker kaufte sich einen Doppelwhopper mit Fleisch und Käse. Ihn zu essen, war seine Art zu warten.

Ewa kreuzte mit einer Sporttasche und anders gekleidet auf, in Sweatshirt und schlapperiger Trainingshose, aber mit denselben Reeboks. Sie sagte, sie gebe einen Kurs in *Kenpo,* einem koreanischen Kampfsport – sie unterrichte Kinder.

»Wenn du willst, kannst du die Geräte benutzen«, sagte sie. »Sie haben hier 'n paar gute Maschinen. Normalerweise trainiere ich an der Gewichthebebank. Mache ein Dutzend Stöße, vielleicht drei oder vier Serien.«

Das war mehr, als er je über sie erfahren hatte. Aber er sagte, er habe nicht die richtigen Schuhe dabei, und sah bloß zu – angewidert, immer aufgebrachter im Laufe der Stunde, und als Ewa den Unterricht beendete, war er wütend.

Hatte sie ihn dorthin gelockt und ihm ihren Unterricht in Fußtritten, Boxhieben und Unterarmschlägen gezeigt, um ihn zu warnen? Das vermutete er. Aber warum? Er brauchte von ihr keine Warnung, wo er selbst schon solche Angst hatte.

Ihre Haut glühte von der Dusche, und ihr Haar war noch feucht, als sie das Sportstudio verließen. Sie sagte: »Ich fühle mich phantastisch.«

Er hätte ihr am liebsten alles erzählt. Was ihn davon abhielt, war der Gedanke, daß sie ihm Fragen stellen würde, die er nicht beantworten konnte.

Als sie die Clark hinauf an den Jungen vorbeigingen, die auf dem Bürgersteig herumalberten – vielleicht versuchten sie, sie zu bedrohen, indem sie sich so aufführten? –, kam er sich wieder so nervös und wütend vor wie im Sportstudio.

Er sagte: »All diese Leute, die trainieren, joggen und Gewichte heben, kotzen mich an ...«

Ihn überraschte, was er sagte, und Ewa gleichermaßen, aber er konnte nicht aufhören – er lief rasch und redete trotzdem.

»Tief in ihrem Innern sind sie verrückt, kaputt und moralisch verkommen. Es ist schon sehr komisch, wenn man diese entsetzlichen Leute ihre Körper so ernst nehmen sieht.«

Er lachte, und die Schroffheit seines Lachens war schlimmer als ein Schrei. Ewa trat einen Schritt zurück und sah ihn an – er kannte diesen Blick im Gesicht einer Frau –, als sei er ihr vollkommen fremd.

»In diesen Körpern ist gar nichts«, sagte er. »Nichts als seelenlose Muskeln. Deshalb sind sie so gefährlich.«

»*Kenpo* ist kein Kampf«, sagte Ewa. »Es ist eine Philosophie. Du könntest darüber was lesen. Ich würde dir gern ein paar Bücher borgen.«

»Nichts als Fäuste und Füße«, sagte Parker. »Ich habe dich beobachtet.«

Ewa lief weiter. »Ich könnte jemanden krankenhausreif schlagen, wenn du das meinst. Wenn ich es wollte. He, wo gehen wir eigentlich hin?«

»Hierhin«, sagte Parker, als er ein gelbrotes Schild sah, auf dem »Hungry Tony's« stand. Er ging in den Laden hinein. Statt einer Klimaanlage gab es kreisende Ventilatoren, groß wie Flugzeugpropeller, die Windböen erzeugten und die Servietten von den Tischen fegten.

Parker nahm zwei Kraut-Dogs und eine Cola, und Ewa ermunterte er dazu, sich ein Rippensteak zu bestellen.

Er sagte: »Du kannst dich auf mich verlassen. Ich fühle, es hat irgendwas Trauriges in deinem Leben gegeben. Eine Tragödie vielleicht. Ich könnte dir helfen. Betrachte mich als deinen Freund. Du könntest mich um alles bitten...«

Aber was er sagte, schien sie nur zu beunruhigen. Sie aß rasch, als wolle sie es einfach hinter sich bringen und nach Hause fahren.

Er sagte: »Vergiß nicht, daß du einen Freund hast. Du wartest darauf, entdeckt zu werden. Ich könnte dich entdecken. Ich würde dich gern glücklich sehen.«

»Du hast mich eben beim Sport gesehen«, sagte sie. »Da war ich glücklich.« Sie schnitt weiter kleine Stücken Fleisch vom Rand ihres Steaks ab. »Ich weiß nicht, warum ich dich dahin mitgenommen habe.«

Ihr schien nicht mal klar zu sein, daß sie ihn mitgelockt hatte, um ihm zu zeigen, daß sie imstande war, einen Typen mit einem einzigen dieser plötzlichen Fußtritte ins Krankenhaus zu verfrachten.

»Ich denke, ich nehme noch etwas Eis«, sagte Parker.

»Du ißt also wieder normales Essen?« fragte sie.

»Jedenfalls esse ich dieses Essen.«

Ehe Ewa noch sagen konnte, daß sie alleine nach Hause fahren wollte, teilte Parker ihr mit, daß er sie verlassen müsse, und sie schien erleichtert zu sein.

Und als sie wieder draußen waren, sagte er: »Du hast dich verändert«, und er war überzeugt, das sei so. Sie ist nicht mehr so komisch wie früher, dachte er. Sie ist ernster – gesetzter. Sie ist mißtrauisch mir gegenüber und nicht ängstlich, aber ausweichend.

»Dein Büro hat angerufen«, sagte Barbara. Es war neun Uhr. Er war zu Hause. Alles, was er von der Fahrt nach Evanston in Erinnerung behalten hatte, war, daß er die Fenster zugemacht und das Cassettendeck auf volle Lautstärke gedreht hatte – Verdis Requiem. »Sie wollten wissen, wo du bist.«

Parker lachte – wieder dieses schroffe, hohle Lachen, das ironisch sein wollte, aber Verzweiflung ausdrückte, mit zu weit geöffnetem Mund, die Zunge wie ein Stück Fleisch. Sein Lachen sollte ausdrücken: *Ich habe den ganzen Tag gearbeitet!*

Das Lachen war seine ganze Antwort. Er sagte nichts, weil er wußte, wenn er erst anfing, würde er alles erzählen.

Barbara fragte ihn nicht. Das tat sie selten. Jetzt redete sie über das Baby und einen neuen Fotografen, von dem sie gehört hatte.

Parker kam sich nackt vor, als sei er ein Mensch, den jeder mühelos durchschauen und zurückweisen oder mißbrauchen konnte. Er spürte, daß unmittelbar außerhalb seines Gesichtsfeldes Unordnung herrschte und daß er sehr vorsichtig einen schmalen Weg entlangging. Niemand wußte, was *er* wußte, also hing alles von ihm ab.

Ihr voller Name war Sharon Moser. Aus der Skokier Zeitung erfuhr er Einzelheiten ihrer Beerdigung – letzten Dienstag in der Lutherischen Kirche. Das schien alles noch viel schlimmer zu machen: ihre Religion zu kennen, von dem Trauergottesdienst zu hören, zu erfahren, daß der Name ihrer Mutter Ursula, ihr Vater tot war, daß sie einen Bruder namens Richard gehabt hatte und daß sie in Skokie selbst beerdigt worden war. Sie war also nicht bloß ein einsamer Mensch in einem Zimmer gewesen: Sie hatte einer Welt angehört, von der er nichts wußte. Und Parker hatte das Gefühl, sich in diese Welt eingemischt, deren Gleichgewicht gestört zu haben – das war die Unordnung, eine Schlagseite wie bei der buckligen Frau, die ihn an der Tür abgewiesen hatte. Dieses Gefühl machte ihn krank. Wieder hatte er ein Haar im Mund, dessen Spitze ihn im Hals kitzelte, aber diesmal konnte er sich nicht davon befreien.

Der Friedhof St. Peter in Skokie war an diesem Junitag sehr still und äußerst hell und ungeschützt, zum Teil wie ein Steinbruch, dachte er, zum Teil wie eine Hindernisstrecke. Es war kein Ort, an dem man gern herumschlenderte. Dieser Ort war dazu da, die Toten darauf abzuladen, sie unter die Erde zu bringen.

Was er sah, langweilte ihn, und was er nicht sehen konnte, ängstigte ihn.

Er hatte Schwierigkeiten, den Grabstein zu finden, und als er ihn gefunden hatte, wurde ihm klar, warum es so schwierig gewesen war – er war so klein, bot kaum Platz für ihren Namen unter dem ihres Vaters, war bloß ein längliches Stück Granit, wie der Teil eines Bordsteins. Ihr Name, noch nicht in den Stein gemeißelt, war mit blauem Filzstift auf die polierte Vorderseite geschrieben, wie Graffiti.

Parker kniete nieder und fing an zu weinen. Er wünschte sich, daß ihn jemand sah, und es war ihm gleich, wenn daraus der Schluß gezogen wurde, daß er für ihren Tod verantwortlich war. Er hoffte, von einem Donnerschlag niedergestreckt zu werden – zu Boden geschmettert und getötet.

Aber die Luft war angenehm. Ein leichter Wind ließ die frischen Blumen auf dem Grab erzittern; er hatte in einer Papiertüte selbst welche mitgebracht und steckte sie in eine Vase zu einigen verwelkten, die er sich nicht wegzuwerfen traute, weil er nicht das Recht dazu zu haben meinte. Und dann waren die welken von größerem Interesse für ihn als die frischen – die Art, wie die Blütenblätter braun geworden waren. Er hatte das Gefühl, daß er auf genau die gleiche Art welkte, an den Rändern abstarb und daß er bald tot sein würde. Er weinte um Sharon, und dann weinte er um sich.

Auf der Heimfahrt wurde er still, obgleich er wieder das Verdi-Band laufen ließ. Als er das friedliche, ordentliche Haus sah, die leeren Räume – Barbara und der Kleine waren nicht da –, brach er in Tränen aus und konnte sein Schluchzen nicht unterdrücken. Er würgte und stieß auf, und auf groteske Weise – wie Erbrechen – schien das seinen Gram zu lindern, und er wollte nicht damit aufhören. Er zog sich nackt aus, nahm, noch immer weinend, eine Flasche Wodka mit ins Badezimmer, kippte sie und erstickte fast dran. Er trank weiter, auf dem Badewannenrand sitzend, nach vorn gebeugt, mit den Armen auf den Knien. Wieder sah er das winzige, graue Stück Granit vor sich wie ein Stück Bordsteinkante. Er wollte trinken, sich krank machen und sterben, aber ihm wurde bewußt, daß er ein lächerliches Melodram aufführte. Er wollte einfach tot sein. Er wünschte sich ein tiefes Loch, in das er hineinstürzen konnte, um darin zu verschwinden. Aber der Alkohol hatte diese Wirkung, ihm den Kopf zu beengen und die Sinne zu trüben.

Im betrunkenen Halbdunkel hörte er eine barsche Stimme und hob sein nasses Gesicht zur Tür. Es war Barbara, die hereingelassen werden wollte. Er tat nichts, bis sie schrie, und dann torkelte er hin und schloß die Tür auf.

Sie trug wunderschöne velour- und glattlederne Schuhe, hellbraun mit dunkelbraunem Besatz und kunstvollen Steppnähten um die Spitzen, die offen waren. Ihre Strümpfe glänzten golden und hatten ein Muster, in dem sich Knospen und Blätter abwechselten, und der Saum ihres Rockes war weich und schwankte leicht über ihren Knien.

»Was glaubst du eigentlich, was du hier tust?« fragte sie.

Er blickte höher, vorbei an ihren Brüsten. Er erschrak über ihr Gesicht. Er wußte, wie es aussah, wenn sie ihm ins Gesicht blickte.

Kapitel 7 Es schien, als sei nun nichts mehr möglich, und nachdem Barbara ihn weinend und saufend im Badezimmer gefunden hatte, nachdem er ihr vorwärts in die Arme geplumpst war und kläglich an der Schulter ihrer Bluse herumzukauen begonnen hatte, konnte er nicht mehr zur Arbeit gehen. Er wußte, warum. Um für jemand anderen arbeiten zu können, brauchte man Zugang zu einer anderen Persönlichkeit – dem Mann im Büro, dem Boß, dem Angestellten. Man wurde zu diesem anderen, wenn man sich an seinen Schreibtisch setzte und schrieb oder den Mund aufmachte. Dann war man diese Figur.

Jetzt war der Mann, der die Arbeit verrichtete, verschwunden. Als Parker klar wurde, wie Sharon gestorben war, daß er sie ermordet hatte, starben hundert Menschen in ihm, tausend Stimmungen verrauchten, all diese Personen in ihm lösten sich in nichts auf, und er blieb einsam mit einer einzigen Version von sich zurück. Der teilnahmslose Basismensch in seinem Innern hatte nie gearbeitet, und er konnte nicht lernen, sich ihm anzupassen.

Er saß da und dachte nach – doch nicht über die Arbeit. Er stellte sich unentwegt die Frauen in dem Ausbeuterbetrieb vor, hörte ihre Maschinen, das

Nähgeräusch, das sich wie das Knabbern von Zähnen anhörte, die immer noch weiterklapperten, wenn der Stoff längst weg war, als verlangten sie mordgierig nach mehr. Und diese junge Frau, der er auf dem Treppenabsatz begegnet war. Wie sie »Milliarden« gesagt hatte, wie sie »Sharon« gesagt hatte. Der Gedanke machte ihn todtraurig.

Er war trauriger und bekümmerter, als er es je erlebt hatte. Dieser niedergeschmetterte Mensch war er, und er hatte keine Masken mehr und auch keine Unbeschwertheit. Er konnte kaum sprechen, und wenn er es versuchte, zitterten ihm die Lippen, und er hatte ständig Angst zu weinen, erst leise und dann ohne Maß.

Dann würden die Leute fragen: *Was ist denn los, Mann?*

Sie durften es nicht wissen.

Parker sagte, er sei sehr krank, und verhielt sich still, während Barbara im Büro anrief.

»Ich fürchte, Parker hat's wirklich schlimm erwischt«, sagte sie. »Er liegt flach …«

Daß er krank sei, war ihre Idee, und sie war so überzeugend bei der Beschreibung seiner Symptome, daß er genau hinhörte und hoffte, sie habe recht. Aber was wußte sie? Sie war stark, und um Erklärungen abzugeben, hatte man Stärke nötig. Er bewunderte Barbara, wie er Ewa bewunderte, und er spürte ein undeutliches Verlangen nach den beiden und die Notwendigkeit, daß sie ihn nicht kannten.

»Du bist ausgebrannt«, sagte Barbara. »Du brauchst eine lange Ruhepause, Liebling.«

Er starrte sie von seinem dünnen Kissen an, in das sein Kopf gesunken war, und er lag so platt da, daß er aussah wie ein besonders schwer Verunglückter. Er würde ihr nicht sagen, was er getan hatte. Die Bürde kam ihm zu: Es war seine Schuld. Es wäre unfair, wenn er versuchte, es sich leichter zu machen, indem er sie daran teilnehmen ließ. Es gab nichts, was sie tun konnte, außer mit ihm zusammen zu weinen, und das wollte er nicht. Seine Tränen waren schlimm genug. Und überhaupt: daß er eines Nachts spät eine junge Frau in einem grauenhaften Wohnhaus in der South Blue Island Avenue umgebracht hatte, nachdem sie sich auf eine seiner Anzeigen in der Spalte »Persönliches« gemeldet hatte? Sie würde es nicht glauben. Sie würde sagen: *Das ist bloß wieder einer von deinen derben Späßen,* was auch er selbst gedacht hatte. Er hatte sich gewünscht, daß es so wäre – daß es jemand anderer gewesen wäre.

Und der Mörder *war* jemand anderer gewesen: Das war es, was er ihr hätte sagen wollen. Der Mörder in ihm war weg, und er hatte Parker zurückgelassen und ihn der Buße überantwortet.

Nervenzusammenbruch war ein wunderbarer Ausdruck, so hilfreich, und er bedeutete lediglich ein Zusammenklappen. Es war die Bezeichnung, die Barbara wahrscheinlich benutzte, wenn sie unterwegs war, wahrscheinlich sagte sie das auch zu ihrer Mutter. Sie benutzte unbestimmte, freundliche Wörter für seinen Zustand. Er war nicht auf der Höhe. Selbst der Arzt hatte das gesagt – nachdem sie das Haus aufgeräumt und ihn ins Bett gesteckt hatte, und sie hatte dem Arzt nichts davon gesagt, wie sie ihn im Bad vorgefunden hatte. »*Streß*«, sagte der Arzt. »*Und vergessen Sie nicht, daß Streß eine Krankheit ist, genau wie Masern oder Mumps.*« Parker bedauerte den Arzt, und dann haßte er ihn wegen seiner ahnungslosen Fragen.

»Du warst durcheinander«, sagte Barbara. »Du wußtest nicht, was du tust.«

Was vermuten ließ, daß sie den Eindruck hatte, er habe versucht, Selbstmord zu begehen, und er fragte sich, ob es tatsächlich so war. Aber nein – welchen Sinn sollte es haben, wenn er sich umbrächte? Was er wollte, war, Sharon dem Diesseits wiederzugeben: Sie wieder zum Leben zu erwecken. Der schöne, nutzlose Wunsch ließ ihn sich vor Verzweiflung in Schmerzen winden.

»Du bist völlig überanstrengt«, sagte Barbara. »Selbst der Arzt hat das gesagt.«

Das ließ ihn an ein Uhrwerk denken, das zu fest aufgezogen worden war, und es tröstete ihn nicht.

»Ich wußte, daß da etwas nicht stimmte«, sagte sie. »Und ich weiß, was dir fehlt, Liebling.«

Aber sie wußte nichts weiter, als daß er in Not war. Er begab sich ins St. Luke's: drei Tage, an denen er an Apparate angeschlossen war und sein Blut und Stuhl untersucht wurden. »*Er läßt sich im Krankenhaus untersuchen*«, erzählte Barbara wahrscheinlich.

»Manchmal dauert es Ewigkeiten, die Ursache von Beschwerden zu finden«, sagte der Spezialist.

Ich habe jemanden umgebracht, hätte Parker am liebsten gesagt. *Das ist die Ursache meiner Beschwerden.* Aber das war sinnlos, das reichte nicht aus, und davon würde es ihm nicht besser gehen; davon würde es nur allen anderen schlechter gehen.

Ungefähr eine Woche nach seiner Entlassung aus St. Luke's war er zu Hause und saß bei zugezogenen Vorhängen im Halbdunkel des Wohnzimmers, während gleißende Sonnenlichtschlitze an den Seiten der Rollos blitzten und das grelle Licht durch sie hindurchstach.

»Weißt du, was ich erleben möchte?« fragte Barbara.

Er saß reglos da, die Arme sehr still und die Handflächen senkrecht, die Hände wie simple, plumpe Werkzeuge im Schoß.

»Ich möchte den alten Parker wiedersehen«, sagte sie. »Seine komischen Stimmen. Seine kleinen sarkastischen Bemerkungen. Seinen verrückten Sinn für Humor. Ich will ihn wiederhaben, damit er mich zum Lachen bringt.«

Parker lächelte, und sein Lächeln sollte bedeuten: *Nie wieder.*

Der Mann, von dem sie sprach und den sie wiederhaben wollte, war ein für allemal weg. Dieser Verbrecher war verschwunden und hatte Parker nackt und schwach zurückgelassen. Wenn er nicht so schwach, voller Medikamente und unbeweglich gewesen wäre, hätte ihn ihr Wunsch, diesen Mann zurückhaben zu wollen, entsetzt. Parker lächelte noch immer, er warnte sie mit seinem Lächeln. Es war falsch, sich etwas zu wünschen, was man nicht begriff.

»Ich möchte, daß er mit mir schläft«, sagte Barbara.

Parker sah die Bißspuren an Sharons Kehle, jeder Biß wie ein Mund in ihrem Hals. Sie war an einen Stuhl gefesselt, und sie wehrte sich, als er mit seinen Zähnen an ihr riß – während er ihre Schreie für Lust hielt, sie für ihre Geilheit verantwortlich machte, und als er sah, daß sie verletzt war, sie mit ihrer Stola würgte und fertigmachte. Der letzte Biß, als seine Zähne in ihrem Fleisch aufeinandertrafen.

Er war in Todesängsten, als er sich daran erinnerte, und was ihn daran hinderte, Barbara von der Sache zu erzählen, war, daß er wußte, sie würde ihn und nicht Sharon bemitleiden.

Barbara sah ihm in die Augen und sagte fest: »Du kommst wieder in Ordnung.«

Er schämte sich entsetzlich, daß sie ihn im Bad gefunden hatte, und er fragte sich, was wohl passiert wäre, wenn sie nicht nach Hause gekommen, wenn er da weiter geblieben wäre. Wahrscheinlich dies: Er im Bett, krank vor Zerknirschung, aber ohne das Mißverständnis. Barbara schien zu denken, daß er hatte gefunden werden wollen und ihre Aufmerksamkeit brauchte und daß sich durch ihr Opfer die Sache bessern würde. Sie bemutterte ihn. Er war schwach, langsam und krächzig, nicht wie ein Mörder, sondern wie jemand mit einer Grippe.

Es war merkwürdig, daß sie meinte, sein Geschluchze im Bad und daß er einen halben Liter Wodka in sich hineingeschüttet hatte, sei ein Hilferuf gewesen – etwas Ängstliches, Elendes –, war es doch in Wirklichkeit das Gegenteil. Er hatte nur vage ihren Wunsch verspürt, frei von ihm zu sein, und seinen eigenen, verzweifelten Wunsch, Sharon zurückzubekommen, damit er freundlich zu ihr sein konnte. Es war kein Selbstmordversuch gewesen. Das wußte er besser. Die Leute meinten, zu Hause sicher zu sein, aber es gab kein Verbrechen, von dem man sich in seinen eigenen vier Wänden freimachen konnte – dort würde man immer geschnappt werden, schamerfüllt beim Anblick des Sofas, der Bücher und der Familienfotos, die auf dem Klavier aufgebaut standen, auf dem man immer spielte.

»Liebling«, sagte sie, sanft, zärtlicher, weil er wieder zu lächeln begonnen hatte.

Doch er lächelte, weil er sich gerade in Handschellen gesehen hatte und wie er von zwei Polizisten an den Fotos auf seinem Klavier vorbeigeführt wurde – das nette von seinem Dad, seine Mutter, die wunderhübsch aussieht, die Skireise nach Vail, sein Großvater mit Schnurrbart und wie er Bürgermeister Harold Washington bei dessen Besuch im Büro die Hand schüttelt, Barbaras Familie, das scheußliche von ihrer Mutter Herma, Eddies erstes Porträtfoto mit drei Monaten. Der Wolfsmensch war zu Hause ein Typ mit einem kleinen Sohn, einem Beemer, einer Hypothek und zwanzig gerahmten Fotos auf seinem Klavier. *Ist das nicht der Bursche, der früher mal Bürgermeister war?* würde einer der Polizisten sagen.

Barbara konnte so raffiniert, kindlich und undurchsichtig sein. Es hatte etwas damit zu tun, daß sie schön auf die Welt gekommen war. Eine Frau mit ihrem Aussehen hatte noch nie aufrichtig sein müssen. Er hoffte, daß sie ihn nicht im Verdacht hatte, einen Mord begangen zu haben, doch selbst wenn sie dahinterkäme, wäre sie auf seiner Seite. In ihren Augen wäre es kein Verbrechen, sondern eine Erniedrigung. Seine größte Angst war, daß die Polizei es herausbekam – aber aus den üblichen Gründen fürchtete er sich nicht.

Er stellte es sich so vor: kein Strafprozeß, nur ein verabredetes Verfahren, eine Art Zeremonie. Nach einem Polizeiarrest und eingehender Untersuchung gäbe es eine Vernehmung vor dem Haftrichter, ein Gerichtsverfahren, Zeitungsberichte, das Übliche – »Der Yuppie-Lebensstil des Wolfsmenschen«. Und er bekäme lebenslänglich, was vielleicht fünfzehn Jahre hieß, hinter einem von diesen Schlitzfenstern in dem hohen gelben Gefängnis im Loop. Das war wie langsam Verbluten, aber so langsam, daß er es kaum spüren würde. Es war nichts im Vergleich zu der

Reue, die er fühlte – der eiserne Dorn in seinem Herzen, der Tag für Tag rostiger wurde. Gefängnis war keine Strafe; ihm gebührte etwas Schmerzhaftes und Durchgreifendes.

Sein Gram nahm ihm die Stimme, und er würgte, als er zu sprechen versuchte. Und sein Gram raubte ihm auch den Appetit. Er aß kaum etwas in diesen Tagen. Barbara aber nötigte ihn dazu, und ihre Hartnäckigkeit, ihr Sprechen darüber verschaffte ihm einen kranken Hunger, der ihn anwiderte. Es war das Verlangen, nicht zu essen, sondern sich zu erbrechen.

»Hol etwas Chop Suey, gebratenen Reis und Schweinefleischstreifen«, sagte er. »Und als Nachtisch Oreo-Cookie-Eiscreme.«

Barbara lachte und machte ein erfreutes Gesicht, als habe Parker seinen Humor wiedergefunden. Aber als sie sah, daß er es ernst meinte, wurde sie unruhig. Er bestand auf diesem Essen. Sie besorgte es und sah ihm zu, wie er es so trotzig herunterwürgte, als nähme er Gift. Hinterher machte er sich einen Milchkaffee, in den er so viel weißen Zucker tat, daß am Tassenboden Sirup daraus wurde. An dem Abend rief er Arby's in Evanston an und ließ sich langsam die Speisekarte vorlesen: Er schickte Barbara nach einem Super-Roastbeef mit Horsey Sauce, Kartoffelpuffern, einer Kirschtasche und einem Jamocha-Shake.

Am nächsten Tag aß er Eier zum Frühstück, die er sich in Wurstfett briet, und dazu gab es Butterbrote, Speckkrüstchen und Vollmilch. Er aß Blätterteig und

Brathühnchen und Devil Dogs. Er machte widerliche Törtchen ausfindig mit blödsinnigen Namen wie Yoohoo oder Yodel und stopfte sie sich in den Schlund. Und die ganze Zeit dachte er reuevoll an Sharon. Er machte den Verzehr von Whoppers und Viertelpfündern zu so etwas wie einem heiligen Abendmahl.

Was nach jeder Mahlzeit folgte, war nur allzu vorhersehbar, und seine Übelkeit – dieses tränenreiche Kotzen – war wie Gram, wie eine andere Art Leid.

Die Hitze in Chicago durchtränkte auch weiterhin die Tage, sie befiel ihn wie ein zusätzliches Symptom seiner Krankheit, vertrieb, was immer sich an Gedanken in seinem Kopf gesammelt hatte, und ließ ihn vergeßlich werden. Aber an eines erinnerte er sich ständig, seine Schuld, den Leichnam der armen jungen Frau, der tot und stinkend in der Erde lag, und die Reue machte Müll aus seinem Herzen.

In diesen heißen Tagen ließen ihn die einfachsten Anstrengungen ermüden, dennoch verspürte er das Bedürfnis, das Haus zu verlassen, und eine Woche oder länger hatte er das dringende Verlangen, Ewa zu sehen. Manchmal schien es, als wollte er Eindruck auf sie machen, damit sie seinen guten Charakter bezeugen konnte. Es war ja nicht so, daß er seinen Mord zu leugnen gedachte, er wollte lediglich geltend machen, daß er *ihr* nie einen Schaden zugefügt hatte: Daß er zu Besserem imstande war. Tatsache war aber auch, daß er niemanden sonst hatte und daß er sich aus einem Grund, den er nicht kannte, nur ertragen konnte, wenn er bei ihr war.

Er rief sie auf die übliche weitschweifige Art an, hinterließ eine Nachricht, rief später noch mal an und verabredete sich mit ihr an einem neutralen Ort. War sie verheiratet? War es das – daß sie nicht wollte, daß ihr Mann davon erfuhr? Er hoffte, daß es so war, daß sie ein Doppelleben führte, nicht bloß diese Geschichte mit dem Sportstudio, weil er ihr so vieles verschwiegen hatte.

»Wie wär's mit dem Picknickplatz nahe der South Lagoon«, sagte Ewa und erklärte ihm, wo er parken konnte, die beste Ausfahrt.

Sie sagte, es sei sicher voll, und sie hatte recht – sie kannte die Stadt gut. Sie war zeitig dort, vor ihm, und die Häuser ragten hinter ihr in die Höhe. Sie lächelte, als sie ihn herankommen sah und in sich aufnahm, seine Füße, sein Gesicht, und ihn verlegen machte. Ihr Lächeln blieb stehen, aber alles Leben dahinter glitt weg, und sie wurde unsicher.

Sie sagte: »Bist du in Schwierigkeiten?«

»Nein. Hab bloß 'n bißchen abgenommen.«

Ja, ich bin in Schwierigkeiten, hätte er am liebsten gesagt. *Und es ist alles mein Fehler,* damit sie seine mißliche Lage erkannte und keine weiteren Fragen stellte. Aber das war nicht möglich. Wenn man jemandem sagte, daß etwas nicht in Ordnung war, gab es Fragen.

»Neue Schuhe«, sagte er – es waren rotschwarze Reeboks.

»Ich habe mich gefragt, ob du's bemerken würdest.«

Durch ihre Worte wurde ihm traurig bewußt, daß sie an ihn dachte, wenn sie allein war. Er hatte sie aggressiv zutreten sehen bei ihren Kenpo-Übungen – hatte sie sie *Kattas* genannt? Sie murmelte immer, redete zu schnell. Er hielt sie für sehr stark, aber wie sie redete, ließ sie unsicher erscheinen. Und als er auf dem Weg um die Lagune hinter ihr herspazierte, dachte er, wie schwach sie doch eigentlich war. Jeder konnte ihr den Schädel mit einem Hammer einschlagen, jeder konnte ihr die Knochen mit einem Schlagholz brechen. Sie konnte so mühelos überfallen werden. Weil er das wußte, wollte er sie beschützen.

»Du hast es nie irgendwie eilig«, sagte sie.

Sprach sie von seinem Interesse an ihr?

»Das liegt daran, daß ich die Hälfte der Zeit nicht weiß, was ich machen soll«, sagte er.

Sie ließ sich neben ihn zurückfallen und sagte: »Ich überlege, ob du's wirklich ernst meinst. Ich meine: Wird es was mit uns?«

»Ich meine es so ernst, daß ich möchte, daß wir uns Zeit lassen«, sagte Parker. »Ich bin verrückt nach dir.«

»Ich muß dir etwas erzählen«, sagte Ewa.

An der dringlichen Art, wie sie das sagte, erkannte er, daß sie etwas zu gestehen hatte – nicht nur etwas zu erzählen, sondern zu beichten. Sie brauchte Zeit, um damit anzufangen. Sie schluckte und blickte zu den Paddelbooten auf der Lagune hinüber.

»Diese Kontaktanzeige, die du in die Zeitung gesetzt hast«, sagte sie. »Dieser Brief, den ich geschrieben habe – ich habe so was in meinem ganzen Leben noch nicht getan. Und ich weiß immer noch nicht, warum dann doch.«

»Du warst einsam«, sagte Parker.

»Man muß mehr als einsam sein, um sich auf so was einzulassen«, sagte sie und verstummte – zu rücksichtsvoll, um weiterzusprechen.

Sie hatte recht. Es war eine Art wütender Verzweiflung, die die Leute dazu trieb – er wußte das besser als sonst jemand. Er erinnerte sich an die Anzeigen, die er aufgegeben hatte, wie er sich bemüht hatte, die richtigen Hinweise zu plazieren, daß es bestimmte Wörter gab, die magisch wirkten, so wie die wirklich guten Fischer wußten, daß die Art des Köders den Fisch bestimmt. Eine Anspielung auf Geld funktionierte bei ganz bestimmten Leuten, ein Hinweis auf Freude oder Schmerz, Jugend oder Alter oder irgendeine Anspielung auf eine Tür, die sich zu einem neuen Leben öffnen könnte, die Erwähnung von Reisen oder der Hinweis – der ging nie fehl –, daß diese Kontaktanzeige ein erster Versuch sei.

Ewa klang beschämt darüber, daß sie geantwortet hatte, als habe sie etwas zu erklären oder sich dafür zu entschuldigen. Die meisten Leute sagten: *»Ich habe das noch nie getan«* – nie inseriert, nie geantwortet.

Sie logen, aber Parker glaubte, daß Ewa die Wahrheit sagte.

Sie meinte, etwas Merkwürdiges und nicht zu ihr Passendes getan zu haben, und sie wollte nicht, daß er das falsch verstand. Doch dadurch, daß sie das Thema zur Sprache brachte, wurde sie entlastet, allein schon durch die Arglosigkeit, darauf zu sprechen zu kommen, und er wurde belastet durch die Erinnerung an mehr als ein Jahr, in dem er Anzeigen aufgegeben und auf die bedürftigen, egoistischen Briefe der Leute geantwortet hatte. Und ihre Fotos – aufgenommen in Automaten, auf Hinterhöfen und als streifige, grelle Polaroid-Schnappschüsse, auf denen sie rote Augen und eine leichenartige Haut hatten. Das Traurigste an alldem war, daß sie ihr Bestes taten, und Parker haßte seinen Snobismus, wenn er sie häßlich und abstoßend fand. Manchmal hatte er ihnen wegen ihrer Häßlichkeit weh tun wollen, weil er glaubte, ihre Häßlichkeit bedeutete, daß sie gefährlich waren. Doch nicht Ewa – Ewa war die Ausnahme. Selbst sie wußte das.

Sie legte spielerisch den Arm um ihn und zupfte an den Haaren in seinem Nacken. Parker verkrampfte sich und ging vom Weg ab, Ewa hinter ihm her. Sie setzten sich nebeneinander auf den Rasen unter einem Baum. Parker empfand Zärtlichkeit für sie, berührte sie aber nicht. Der Hügel war hoch genug, um ihnen Aussicht auf den See zu gewähren. Parker wünschte sich, das Wasser wäre bewegt. Es ging jedoch kein Wind, und der See wirkte seicht – groß, blau, träge und nur Zentimeter tief. Sie schlang ihren Arm um seine Schulter, als wäre sie der Mann und er die Frau.

Er sagte: »Gott, wenn du nur wüßtest, wie nötig ich dich gebraucht habe.«

Ewa beugte sich vor und sah ihm ins Gesicht. Er blickte noch immer auf den See. Sie lächelte und küßte ihn flüchtig. Mit einem Ruck zog er den Kopf zur Seite, wurde dann aber unsicher, drehte sich herum und erwiderte ihren Kuß, indem er seinen Mund gegen ihren drückte und durch seine leblosen Lippen nach Luft schnappte.

Ihr Arm hinderte ihn daran, sich zu bewegen. Sie seufzte und lehnte sich gegen ihn, und er war entsetzt, als sie nach unten rutschte und ihren Kopf auf seinen Schenkel legte. Ihn überraschte das Gewicht ihres Kopfes. Er lastete so schwer auf ihm, daß davon ein Nerv in seinem Bein taub wurde.

So blieben sie eine Weile, während ihr Kopf sein Bein wie ein Stein nach unten drückte, dann schlug er vor, sie sollten ihren Spaziergang fortsetzen.

Parker hatte das Gefühl, daß die Leute, Passanten, in seine Richtung blickten, ohne ihn zu sehen: daß er nicht existierte. Er hatte Angst um diese Leute, weil sie ihn nicht sehen konnten. Und er schämte sich wegen der Sachen, die er anhatte, ein teures Hemd, Sommerhosen und neue Schuhe. Diese Kleider, das wußte er, waren nichts weiter als ein raffiniertes Kostüm. Er wollte gesehen, erkannt und nackt sein, und er haßte sich dafür, daß er aus purem Zufall das perfekte Verbrechen begangen hatte.

Konnte er etwas von seiner Schuld abtragen, indem er zu Ewa freundlich war? Ab und zu, wenn er dicht neben ihr ging, ängstigte er sich, denn war es nicht viel schlimmer, daß er es darauf ankommen ließ, daß sie herausfand, wer er war? Doch gegen jede Logik, mit einer Dringlichkeit, die wie Gier war, gestand er sich ein, daß er diese Freundschaft brauchte, die offenbar stärker war als Liebe.

Sie trafen einen Mann mit einem Blechkarren, der Hot dogs verkaufte. Parker nahm zwei, ließ aber nicht zu, daß Ewa sich auch einen kaufte. Er häufte sich Sauerkraut drauf und verlangte, daß Ewa einen Apfel aß. Er kaufte ihr einen am selben Karren, und als sie ihn an ihrem Sweatshirt blank rieb und dabei gegen ihre Brüste buffte, wandte er sich ab und rammte sich die Hot dogs in den Mund.

Sie sagte: »Stehst du immer noch auf Junk food?«

Er kaute und schluckte, während er spürte, wie ihm übel wurde, und sagte: »Ich esse, was ich will.«

Wer hatte das gesagt?

Ewa aß ihren Apfel langsam, wobei sie ihn in der Faust drehte und Parker beobachtete. Sie betrat die Unterführung, durch die sie ihn zum See führte.

Als sie den Apfelgriebs weit hinausschleuderte – so weit, daß er kaum das Wasser im See aufspritzen sah –, sagte Parker: »Dieser See hat etwas mit uns zu tun.«

Sie blickte auf das reglos glatte Wasser, das am Ufer grünlichbraun und ölig und weit draußen blau war.

»Ich denke nicht drüber nach«, sagte sie und zuckte mit den Achseln wie ein kleines Mädchen.

»Der See ist immer da«, sagte er. »Der Regen peitscht ihn, der Wind fegt darüber weg und wühlt ihn auf. Er ist riesig. Er ist leer. Er ist eher eine Wüste als ein See, der ständig an den Rand der Stadt pocht. Ich liebe ihn bei Sonnenaufgang, wenn er dieses rotglühende thermonukleare Aussehen hat. Dann wird er schwarz und erwacht zum Leben.«

Sie dachte, er mache einen Witz, das wußte er. Sie dachte eben: *Natürlich ist er nicht lebendig.* Wie konnte er ihr sagen, daß er etwas Erregendes ausdrücken wollte? Er wollte sagen, daß der See in ihm war und daß er, obgleich lebendig, nicht kalkulierbar war wie ein Meer. Er hatte keine Gezeiten, stieg oder fiel nicht. Nicht die Gebäude, die er einmal verehrt hatte, sondern der See – seine Stille, seine subtilen Farben – machte Chicago zu Chicago.

Er verstummte wieder und dachte: Sie weiß nicht einmal, daß ich vom Ertrinken rede.

Er kam zu der Überzeugung, daß sie den seichten Egoismus eines Menschen besaß, der immer wieder mit dem Leben davonkam, und doch war nicht viel Eitelkeit an ihr. Sie war still und gelassen auf eine Art, die ihm bewies, daß sie nicht sehr klug war, und ab und zu erinnerte sie ihn mit einer kleinen Frage daran, wie wenig sie wußte.

»Was ist mit dem Typen«, fragte sie, »diesem Monster in deinem Büro?«

»Welchem Typen?«

»Der auf Damenunterwäsche scharf ist.«

Es gab keinen Typen, es gab kein Büro, sie wußte nicht, daß er Sharon umgebracht, sie totgebissen hatte – er, der Wolfsmensch; daß er in seinem Badezimmer geschluchzt und daß ihn seine Frau gefunden und behandelt hatte wie einen Schwerkranken. Sie wußte nicht einmal, daß er noch eine Frau hatte.

»Er ist gestorben«, sagte Parker.

»O Gott.«

Ihre Reaktion erstaunte ihn. Manchmal waren die beiläufigen Lügen die gemeinsten, grausamsten; es tat ihm leid, kaum daß er sie geäußert hatte.

»Kein Grund zur Trauer«, sagte er. »Es ist besser so. Er war in schrecklicher Verfassung, obwohl er der Meinung war, er sei eigentlich gesund. Er war gefährlich für sich und für andere. Es mußte geschehen. Offenbar war er drogenabhängig ...«

Und während Parker Ewa von dem Mann erzählte, den es nie gegeben hatte, fühlte er, daß er endlich vernünftig redete; daß diese Verständigkeit ein Ergebnis der Sympathie und Freundschaft war, die ihn an Ewa banden, und daß er sie nicht verlassen wollte.

Am Nachmittag wurde es heißer und dumpfer, drückend und dunstig, und allein schon der Klimatisierung wegen gingen sie ins Kino. Sie traf die Wahl, einen polnischen Film – keinen neuen. Er war von einer schwerfälligen Trostlosigkeit, der ihm Realität verlieh, und obwohl er weiße, verlaufende Untertitel hatte, verstand Ewa, was gesprochen wurde, ehe die Worte auf der Leinwand erschienen. Sie reagierte in dem Moment, in dem jemand ein Wort äußerte. Der Film hieß *Frühes Leid*. Parker wäre am liebsten gleich wieder rausgegangen. Ewa weinte, als das Mädchen in der kleinen Wohnung von dem jungen Mann verlassen wurde. Schon der Anblick des Spülsteins war beunruhigend.

Es war ein trauriger Film – alles schniefte leise. Auch Parker weinte, und Ewa tröstete ihn, indem sie ihre harte Hand an seiner rieb. Sie wußte gar nichts. Er weinte um das, was er getan hatte.

Kapitel 8 Zum allerersten Mal schwieg der Empfangschef im Blackstone. Es war, als habe der Mann endlich verstanden, zu einer Zeit, als Parker zu verstehen aufgehört hatte. Oder erkannte der Mann Elend und Versagen in seinem Gesicht, hatte Mitleid mit ihm und ließ ihn in Frieden? Auf jeden Fall war für Parker das Schweigen des Mannes unheimlicher, als es seine Fragen gewesen waren, aber er gab zu, daß er es nicht besser verdiente – er verdiente weit Schlechteres.

Barbara hatte ihm gesagt, er solle sich keine Sorgen machen. Sie schien sich ihrer so sicher, daß er beunruhigt war, weil er wußte, er würde sie wieder enttäuschen; und er sehnte sich nach Ewa, die nie enttäuscht war. Er hatte der Verabredung zugestimmt, weil sie einen neuen Monat hatten, Juli, und sie überfällig war. Doch er war verzweifelt: wieder nackt.

Als Parker allein im Zimmer saß und sich die Abendnachrichten ansah, stellte er zu seiner Bekümmerung fest, daß der Mord an Sharon nicht erwähnt wurde – kein Hinweis auf einen nicht gefaßten Mörder, nichts über die Wolfsmensch-Story. An diesem Abend ging es nur um Politik und den Präsidentschaftswahlkampf, und die kleine Schar der Nachrichtenleute schien sich über die Bemühungen der Kandidaten auf freundliche Weise lustig zu machen. Parker fühlte nichts als Verachtung für die Nachrichtentruppe hinter dem Tresen: die Zicke mit der durchdringenden Stimme, die aufgeplusterte Schwuchtel im Blazer, den Sportreporter mit seinem fetten Gesicht und der schlecht gebundenen Krawatte und den manischen und unzuverlässig wirkenden Wetterfrosch. Die vier Leute erschienen in der einen oder anderen Spielart auch auf allen anderen Kanälen – noch mehr Präsidentenberichte, noch mehr Reden, dasselbe Filmmaterial. Kein Wolfsmensch.

Parker schaltete von Aerobic zu Trickfilmen und wieder zurück zu den Nachrichten und stellte plötzlich fest, daß er für George Bush war. Das war merkwürdig. Einen Monat früher wäre seine Stimme an den kleinen Mister Dukakis gegangen, der einen so tüchtigen Eindruck machte. Aber was würde Dukakis gegen die zunehmenden Verbrechen tun – nicht gerade Parkers Verbrechen (nicht verfolgt, nicht erwähnt und offenbar vergessen), sondern gegen die Verbrechen überall in den Vereinigten Staaten? Richtige Strafen waren vonnöten für überführte Verbrecher – etwas Strenges. Sie mußten gefaßt und so streng bestraft werden, daß sie nie wieder jemandem schadeten. Dukakis war lasch, was die Kriminalität anging: Man sah es an seinen Sozialarbeiteraugen; Bush dagegen wirkte zornig, und das war die richtige Einstellung.

Warum nicht ein kleines bißchen Rache? dachte Parker. In Illinois passierte mit Mördern und Vergewaltigern nichts weiter, als daß sie für eine gewisse Zeit in von der Regierung gestellten Klamotten im Gefängnis festgehalten wurden. Sie bekamen drei Mahlzeiten pro Tag, hatten Fernsehen, einen Fitneßraum, und die meisten kamen sogar an Drogen heran. Gefängnis hieß nichts weiter als ein einfaches Zimmer, wie dieses hier im Blackstone, eine Lampe an der Decke und die gleichen kahlen Wände. John Wayne Gacy saß in einem Zimmer, Richard Speck saß in einem Zimmer – Massenmörder spielten Schach und ließen die Zeit verstreichen. Sie hatten keine Ängste, weil niemand wußte, was mit ihnen zu tun war. Aber Parker wußte es plötzlich.

Er dachte noch immer: *Packt sie, duckt sie,* als nach den Nachrichten »The Love Connection« losging, eine Partner-Show: Er fummelte an der Fernbedienung herum, drückte aber nicht drauf.

»Er hatte 'n echt süßen Haarschnitt und 'n echt klasse Wagen, deshalb hab ich ihn auch gefragt, ob er mich zur Stradivarius fährt, der Disco in der Nähe von meinem Kondo, weil da ist es echt nett, außerdem wollte ich, daß meine Freundinnen ihm mal auf den Zahn fühlen.«

»Hat er dich geküßt?«

»Yeah, so was Ähnliches. Nein, wirklich!! Er tanzte echt dicht, und irgendwann gefiel's mir, wie er küßte, aber er hatte sich so 'n gammeliges Rasierwasser

angeschüttet, und das tonnenweise, und ungefähr 'ne millionmal sagte er mit ...«

Parker drückte auf den Knopf. »*Porqué no?*« schrie eine Frau in einer spanischsprachigen Seifenoper, und sie erinnerte ihn an den Ausbeuterbetrieb in der South Federal – das affengesichtige Latino-Girl mit dem tiefschwarzen Haar in dem losen Baumwollkleid stimmte ihn so traurig, daß er den Ton fast ganz wegdrehte, so daß das Spanisch nur noch ein Flüstern war. Er sah sich die Sendung an, und die Frauen darin taten ihm leid, nicht die Personen, die sie darstellten, sondern die Schauspielerinnen selbst, die schwitzend die Bewegungen ausführten und ihre Texte aufsagten und schrien oder weinten.

Die Sendung ging zu Ende. Er sah sich »Jeopardy« an. Das ging auch zu Ende. Er schaltete aus, als er merkte, daß es neun war. Warum so spät? Er hatte Hunger. Ohne einen Blick auf die Speisekarte des Zimmerservice zu werfen, rief er an und bestellte sich einen Cheeseburger mit Pommes frites, Kohlsalat und ein Stück Schokoladenkuchen.

»*Irgendwas zu trinken, Sir?*«

»Ein Glas Weißwein.«

»*Den bieten wir nur in ganzen oder halben Flaschen an, Sir.*«

»Dann eine Flasche«, sagte Parker.

Das Essen wurde ihm auf einem Chromstahlwägelchen gebracht, der Cheeseburger unter einer glänzenden Metallkugel, der Kuchen in einer Spitzenpapierkrause, der Wein in einem Eiskübel. Der Kellner tat überrascht, als Parker ihm ein Trinkgeld gab, und verließ das Zimmer auf sonderbar förmliche Art, indem er sich rückwärts und unter Verbeugungen zur Tür bewegte.

Parker trank die Hälfte des Weins, ehe er auch nur den Deckel von seinem Cheeseburger hoch nahm. Immer wieder hatte er sein Glas gefüllt – es vollgeschüttet – und mit kleinen, raschen Schlucken getrunken. Es war der erste Alkohol seit dem Wodka im Badezimmer, und der war der erste seit sieben Jahren gewesen, als er (als lege er ein Mönchsgelübde ab) mit seiner strengen Diät begonnen hatte. Der Wein gab ihm Kraft, ließ die Zeit schneller verstreichen und machte ihn trauriger. Er schaltete den Fernseher wieder ein, aber als er einen Hund sah, der sich vor dem Zorn seines Herrchens duckte – der dicke Mann schimpfte den Köter aus –, fing er an zu weinen und schaltete das Ding schnell wieder aus. Mittlerweile war der Wein alle, und das fettige Essen ebenfalls.

Es war Viertel vor zehn, und er war zu betrunken, um nach Hause zu finden. Und es war spät und dunkel: Er begann sich dafür zu bemitleiden, daß er allein in dieser kleinen Zelle saß.

Er schöpfte Trost aus dem Anblick des Essenswägelchens, das er in Müll und Unordnung verwandelt hatte. Als er es auf den Gang rollte, erhaschte er im Spiegel einen kurzen Blick auf sein tränenüberströmtes Gesicht und ging ins Bad, um es zu waschen. Er drückte sein Gesicht gerade in ein Handtuch, als er das Klopfen hörte.

»Wer ist da?« fragte er. Er wollte es ernsthaft wissen. Sein Gedächtnis war vom Wein betäubt, und in seiner Einsamkeit und Verwirrung konnte er sich nicht denken, wer da wohl klopfte und weswegen. Als er sah, daß es ein Mann war, dachte er, es könnte ein Polizist sein. Mit einer boshaften inneren Erregung starrte er den Mann an und wartete darauf, daß er erklärte, was er wollte.

Der Mann war schlank, jungenhaft, mit blauen Augen, und er war bereits vorgetreten, als Parker die Tür öffnete. Er war etwas kleiner als Parker, er trug einen eleganten Anzug aus einem leichten Seidenstoff, ein weißes Hemd mit Krawatte und einen Panamahut. Er erschien sehr kühl und selbstbewußt in seiner Sommerkleidung. Der Mann hatte feine Gesichtszüge, er lächelte sanft und egoistisch – aber sein Lächeln tat wenig, auch das Gesicht sanfter werden zu lassen, denn die Lippen waren voll. Es lag etwas Grausames in seinen harten, hellen Augen.

»Was wünschen Sie?« fragte Parker.

In dem Moment stellte der Mann für einen Augenblick sein Lächeln ein und ging an Parker vorbei, ohne ihn anzusehen. Seine Schuhe waren klein und elegant, alles an der Art, wie er sich kleidete, verriet Eitelkeit, und im Vorbeigehen schaute er in den Spiegel. Von dort, wo Parker stand, schien der Mann jedoch kein Spiegelbild zu besitzen.

Als er die Tür widerspruchslos schloß, war Parker klar, daß er kapituliert und sich selbst eine Falle gestellt hatte. Aber er hatte keine Chance gehabt: Kaum hatte er das Gesicht des Mannes an der Tür gesehen, hatte er die Kontrolle über sich verloren.

Der Mann machte wachsam wie eine Katze kehrt und blickte sich um, als habe er einen Schweif, der hinter ihm hin und her schwang, Raum schuf, und dann setzte er sich. Er schien Anspruch auf den Sessel zu erheben und die Angelegenheit in die Hand zu nehmen, kaum daß er zur Ruhe gekommen war.

»Sie haben getrunken.«

»Nein«, sagte Parker. »Habe ich nicht.«

Er bedauerte, das gesagt oder überhaupt gesprochen zu haben. Warum hatte er nicht mit den Achseln gezuckt? Es ging den Mann jedenfalls nichts an. Das Lächeln des Mannes war zurückgekehrt. Er wußte, daß Parker gelogen hatte, und Parker fühlte sich geschwächt, weil er sich durch eine so offenkundige Lüge hatte in die Defensive drängen lassen. Das Essenswägelchen mit der leeren Flasche stand draußen auf dem Gang, mit einem einzigen verschmierten Glas!

»Ich erwarte jemanden«, sagte Parker. »Sie hat sich verspätet. Wirklich.«

»Quatsch«, sagte der Mann – sanft, spöttisch, schlug die Beine übereinander und blickte sich im Zimmer um. Aber es war eher eine höhnische Grimasse als ein Blick.

Parker war sich der geringen Größe des Zimmers bewußt – wie es beengt wurde durch das geräumige Bett, den großen Fernseher, den ausladenden Schreibtisch, den weiten Lampenschirm. Er fühlte sich von dem Mann in die Ecke getrieben und bewegte sich linkisch auf der Suche nach einem Platz, auf den er sich setzen könnte.

»Setzen Sie sich«, sagte der Mann. »Sie machen mich nervös.«

Er tat, wie ihm befohlen, er bewegte sich schnell. Die Stimme des Mannes und seine herrische Art – selbst wie er dasaß, die Hände bewegungslos im Schoß – erregten ihn und nahmen ihm den Atem. Er war verängstigt, seine Nerven dünn und straff gespannt wie eingelaufene Fäden. Aber das innere Zittern, das er gespürt hatte, als der Mann ins Zimmer getreten war, hatte ihn nicht verlassen, es hielt ihn zusammen und machte ihn klar im Kopf. Er hatte keine Ahnung, was als nächstes passieren würde. Alles, was bisher geschehen war, war nicht vorherzusehen gewesen. Was jetzt?

Der Mann zog die Stirn kraus und sagte: »Es ist stickig hier drin. Können Sie nicht die Klimaanlage hochdrehen?«

»Nein«, sagte Parker und erklärte devot, »ich hab's schon versucht.«

Der Mann beobachtete ihn mit harten, hellen Augen, welche die Schuld und Reue in Parkers Seele zu durchbohren schienen.

»Sie sind ein heimlicher Säufer, mein Kleiner.«

Parker schüttelte den Kopf und gab ein Wiehern von sich, um die Beschuldigung von sich zu weisen, aber er wußte, es war zwecklos.

»Wovor haben Sie Angst?«

»Vor nichts.«

Parker war sich sicher, daß der Mann wußte, daß er log – *nichts* war immer eine Lüge. Aber er war froh, daß der Mann so flink war, und gespannt, was er aus seiner Angst machen würde.

»Wie heißen Sie«, fragte der Mann.

»Spielt doch keine Rolle«, sagte Parker.

Der Mann lächelte wieder – ein sicheres Lächeln voller Macht und Spott, das Parker in seiner Angst zu einer so geschärften Wachsamkeit hinriß, daß er selbst den leisesten Ton vernahm. Auf der anderen Seite der Tür war ein Schlurfen auf dem Korridorteppich zu hören. »Das ist sie. Das ist für mich …«

Der Mann hatte es nicht gehört, glaubte ihm nicht.

»… ich habe Ihnen doch gesagt, daß jemand kommt.«

»Niemand kommt«, sagte der Mann, der ihm mit seiner spöttischen Sicherheit von neuem die Stirn bot.

Sie lauschten beide, und dann hörte man, wie das metallene Essenswägelchen weggerollt wurde.

»Sie wollen niemanden sonst hier haben«, sagte der Mann. »Sie wollen sie nicht. Sie sind froh, daß sie nicht kommt.«

»Hören Sie auf«, sagte Parker fast winselnd.

»Sie sind erleichtert.«

Parker stammelte: »Gehen Sie, und lassen Sie mich in Ruhe«, doch er sagte es in einem nörgelnden und unaufrichtigen Ton, als wollte er den Mann verspotten.

Und durch seine eigene Dreistigkeit erschreckt, senkte Parker den Kopf. Das Gefühl seiner Machtlosigkeit ließ ihn erschauern. Parker schloß die Augen und hörte, wie der Mann sich aus seinem Sessel erhob, hörte das Lispeln des Stoffs, der sich am Sessel rieb. Der Mann kam herüber und blieb vor ihm stehen. Parker spürte die Hitze des in den Anzug gehüllten Körpers. Der Mann hob Parkers Kinn in die Höhe und versetzte ihm einen leichten Schlag ins Gesicht. In seiner gespannten Aufmerksamkeit wurde Parker äußerst ruhig, als hätte er zu atmen aufgehört.

»Ich weiß, was du willst.«

»Nein«, sagte Parker, womit er sich verriet, denn es klang wie Zustimmung.

Die Hose hing lose an den Beinen des Mannes, als er nähertrat, die Knie an Parkers Knien, Parkers Gesicht auf einer Höhe mit der Schnalle des Ledergürtels des Mannes.

»Mund auf«, sagte der Mann.

Ihm gehorchend, öffnete Parker den Mund. Der Mann steckte ihm seinen schlanken Finger hinein, und Parker saugte daran, ihm gefiel, wie er seinen Mund füllte, ihm gefiel die lose Haut über dem Knochen, und er bearbeitete ihn mit der Zunge, denn er wollte den Mann zufriedenstellen.

»Das gefällt dir«, sagte der Mann. »Das liebst du...«

Er mußte nicht antworten. Es war ihm lieber , daß er dazu nicht imstande war. Er genoß es, den Mann zu besänftigen, ihm sein Entzücken zu zeigen, indem er den Finger im Mund herumbewegte und ihn mit den Lippen liebkoste.

Der Mann sagte nichts, und als er den Finger zurückzog, blinzelte Parker und sah mit flehendem Blick zu ihm auf.

»Du willst mehr«, sagte der Mann, und Parker glitt von der Bettkante auf seine Knie.

Ein gieriges, gefühlvolles *Ja* erhellte Parkers Gesicht, als er unterwürfig in die Hocke ging. Er drehte sich weg und ging hinunter auf den staubigen Teppich zwischen dem Bett und den Sesseln. Er war auf Händen und Knien wie jemand, der etwas sucht, was er gerade verloren hat – etwas sehr Kleines und schwer zu Findendes –, mit dem Gesicht am Boden und auf die Handflächen gestützt. Endlich war er da, wo er hingehörte.

Er zögerte, die Initiative zu ergreifen. Er wollte so bleiben, auf allen vieren, und er spürte das heftige und lebhafte Verlangen, daß der Mann ihn bestieg, rücksichtslos in ihn eindrang, ihn aufriß, als stopfe er ihm eine aggressive Ratte mit dem Kopf voran in sein Loch.

Noch immer den Kopf gesenkt, begann er zu flüstern.

»Was?« fragte der Mann scharf.

Parker fand keine Worte für sein Verlangen – es war zu schockierend, und was, wenn der Mann sich weigerte?

»Mach alles, was du willst, mit mir«, sagte Parker. »Benutze mich, benutze meinen Körper.«

Der Mann versetzte ihm einen Stoß, Parker legte sich zur Seite und fiel dann um. Der Mann stand über ihm, mit der gleichen, ungeheuren Gleichgültigkeit: Er hatte ihn nicht geküßt, er war desinteressiert, er hatte ihn kaum berührt. Er wirkte fies mit dem Hut auf dem Kopf, in seinem Jackett, den Hosen und den schönen Schuhen. Die Klimaanlage im Zimmer gab ein schrilles, gleichförmiges Winseln von sich.

Parker war noch voller Angst und eifrig, und die Aufregung hielt ihn am Zittern. Er war erregt. Sein Schwanz war steif und zeichnete sich deutlich ab.

Der Mann sagte: »Bleib so – beweg dich nicht.«

Selbst der rüdeste Befehl verrät des Menschen Bedrängnis, dachte Parker. Das Drängen des Mannes verlieh seinen Worten etwas Flehendes, und auch das erregte Parker.

Als der Mann seine Hose fortschleuderte, schob auch Parker seine in der hektischen Erwartung dessen, was nun kommen sollte, nach unten. Der Mann fiel auf die Knie, berührte ihn und sagte: »Der gehört mir.« Er setzte sich rittlings auf Parker, schloß ihn ein, und Parker hatte das Gefühl, jetzt von dieser aggressiven Ratte durchbohrt zu werden. Der Mann zeigte seine Zähne, blickte rachelüstern und knurrte über Parkers Gesicht.

»Sag mir deinen Namen«, grunzte er.

»Nein«, antwortete Parker.

»Sag ihn.« Er saß auf Parkers Schwanz, preßte ihn gegen den Fußboden und benutzte seine Hände, seine Finger, um Parker von unten aufzuspießen.

Mit leiser, zaghafter Stimme sagte Parker: »Ich bin Sharon.«

Der Mann grunzte befriedigt und sagte: »So was hast du noch nie gemacht, stimmt's, Sharon?«

Parker, der das Gewicht des Mannes auf sich spürte, wimmerte.

»Na?« beharrte der Mann.

»Noch nie«, sagte Parker – mit einer Kinderstimme, so vollkommen war er in der Macht des Mannes.

»Aber du magst es.«

»Oh, ja.«

Hingerissen und erregt, schien sein Körper zu schweben und zu erzittern, als habe er sich an einem Ufer verfangen und werde von einer Reihe von Wellen erfaßt und in die Höhe gehoben – erfaßt, erhoben und nach unten gezogen, von Wellen geschoben und gezogen. Er wagte es nicht, den Mann zu berühren, aber er hoffte, der Mann werde ihn noch länger niederdrücken und sich gegen ihn schaukeln lassen.

Das Licht im Zimmer tanzte hinter der Hutkrempe des Mannes, die Zimmerdecke war weiß über seinen stämmigen Schultern. Aber er war nicht schwer genug – Parker wünschte sich mehr Gewicht hinter den Stößen des Mannes, sehnte sich nach größerer Angst: Er wünschte sich, platter am Boden zu liegen, so nach unten gepreßt zu werden, daß er sich nicht mehr rühren könnte. Seine Erregung war ungeheuer, und doch wünschte er sich, der Mann spreize ihn weiter, öffne, verletze und zerspalte ihn.

Der Mann schrie auf, aber es war keine Männerstimme: Die hatte er verloren, und er war wie ein Kind, ein heißblütiger Junge. Er gab ein leises Geheul von sich, eine Art hörbarer Dunkelheit und Hitze drangen ihm aus dem Mund, und in seiner Raserei flog ihm der Hut vom Kopf, und sein Haar löste sich und fiel ihm auf die Schultern, viel dunkles, langes Haar.

»*Aaaaaaaah*«, schrie er, und der Ton troff von seinen Lippen. Er zerrte an seinem Hemd und riß es auf, um an die schweren Brüste zu gelangen und mit den Brustwarzen zu spielen. Und dann tauchte er ein in die Einsamkeit des Orgasmus, und es war beides, Erhebung und Kollaps zu einer plötzlichen Offenbarung, wie eine Geburt – wovon? Eines winzigen harmlosen Ungeheuers, und dann war er – sie – still.

»Entschuldigung, Liebling«, sagte Barbara fast schüchtern, als sie sich wankend erhob und sich die Haare aus den Augen strich, mehr denn je ein Mann in ihrer unerwarteten Rechtfertigung. Sie rückte ihr verdrehtes Jackett und das Hemd zurecht. Es war Blut an der Innenseite ihrer Schenkel – ein schwärzliches Klümpchen und ein Schmierfleck, wie ein Marmeladenstrich. »Mir sind wohl die Pferde durchgegangen. Habe ich dich verletzt?«

Parker kauerte noch am Boden. Er war aufgerissen, er war wund, er war sehr naß; und da erinnerte er sich an alles.

Kapitel 9 Alles, was die Welt vergessen hatte. Die Zeitungen hatten aufgehört, darüber zu berichten, in den Fernsehnachrichten wurde über nichts als die Hitzewelle, den Präsidentschaftswahlkampf und die neue Flutlichtanlage für Abendspiele im Wrigley-Stadion geredet. Er, der Mörder, war der einzige, der sich an diesen gewaltsamen Tod erinnerte – wie Sharon ihm vertraut hatte, als er sie fesselte, wie sie lächelte, als er brutal wurde, wie ihr ganzer Körper aufschwoll, sich gegen die Knoten stemmte und sie nur strammer zog und Parker ihr seine Zähne in den Hals geschlagen und die Haut durchbissen und nach dem zerfetzten Fleisch geschnappt hatte wie eine Dogge.

Sie hatte so lange zum Sterben gebraucht, daß es ihn wütend gemacht hatte, sie war so schrecklich zerbissen und verstümmelt gewesen, daß er sein Ungestüm beschleunigt und an ihr gewütet hatte, weil er sicher war, daß sie tot besser dran war. Und er hatte den widersinnigen Gedanken auf dem Höhepunkt ihrer Leiden – als sie hilflos in den Knebel gesabbert hatte –, daß sie selbst die Schuld trage und es verdiene. Er erinnerte sich, das gedacht zu haben.

Doch jetzt, in der vollkommenen Klarheit der

Reue, die ihm wie eine tödliche Krankheit erschien, erkannte er, daß er sie zu seinem Opfer gemacht hatte.

Einen Moment lang hatte er im Blackstone ganz kurz die gleiche Angst verspürt, ehe ihm klar wurde, daß es Barbara war – ganz zu Anfang der Begegnung, als der Mann ins Zimmer gekommen war und das Heft an sich gerissen hatte. Danach war es eine ununterbrochene Ekstase gewesen, und die hatte ihn erregt. Aber es hatte dennoch nicht wirklich funktioniert, weil er um Schmerzen gebettelt und Lust erhalten hatte: Er war keine Sekunde lang in irgendeiner Gefahr gewesen.

Er war unverletzt, er war enttäuscht; die gleiche Erfahrung war mit ihr nicht noch einmal zu machen. Barbara würde sich nicht wieder als Mann verkleiden, ihn in seinem Zimmer besuchen und so behandeln. Ihre bösartige Phantasie hatte einmal funktioniert, und das ließ sich nicht wiederholen, es sei denn als Verkleidungsspiel. Doch Parker wollte kein Spiel: Er wollte wirkliche Angst, wirkliche Schmerzen, das Gefühl, in der Falle zu sitzen und von jemandem gequält zu werden, der blutrünstig und unberechenbar war.

»Ich habe einen Fototermin«, sagte Barbara. »Wahrscheinlich habe ich die ganze Woche welche. Meine Mutter kommt das Baby holen. Mittagessen kannst du dir selber machen – im Kühlschrank ist etwas aufgeschnittene Puterbrust und Salat.«

Sie sagte diese normalen, vertrauten Worte am Morgen, nachdem sie sich als eleganter junger Mann verkleidet, Parker im Hotelzimmer besucht und ihm befohlen hatte, an ihrem Finger zu lutschen, bis sie sich schließlich, noch immer in Hut und Schlips, auf ihn gesetzt und einen gewaltigen Orgasmus gehabt hatte. Parker hatte nichts davon vergessen, aber für sie schien es abgetan – sie hatte es womöglich nie ernst gemeint.

»Ich mach mir ein Sandwich«, sagte Parker.

»Ich bin so froh, daß du jetzt alles ißt.«

»Ich mag's«, sagte Parker.

Er sah ihr beim Ankleiden zu – erst ihr Schlüpfer, dann ihr BH und ihre Strumpfhosen, und als letztes ihr blaues Kleid. Alles paßte wie angegossen, umschloß ihren Körper, steigerte dessen Wirkung, verlieh ihm Farbe und Kontur; und dann rollte sie ihr Haar in erhitzte Lockenwickler – ohne auch nur ein einziges Mal den Blick vom Spiegel zu lösen – und kämmte es aus. Danach legte sie ihre Uhr an, ihre zwei Armbänder, ihre Ringe, ihre Perlenkette und zuletzt ihre Schuhe. Hellgrau, Ton in Ton mit ihrem Kleid.

Sie setzte sich, brachte ihr Gesicht nahe an den Spiegel, führte beide Hände dicht an ihre Augen und begann, Make-up aufzutragen.

»Ich habe dir doch von dieser komischen Wilma erzählt, der Assistentin im Studio«, sagte Barbara, während sie ihr Augenlid schwarz konturierte.

»Wilma mit den Ehemännern«, sagte Parker und staunte über Barbaras ruhige Hand.

»Über einen von ihnen hat sie mir eine sehr merkwürdige Geschichte erzählt. Er war ein kleines bißchen jünger als sie, ein Versicherungsemissär, was immer das auch ist, und er verschwand immer wieder mal – fuhr alle paar Wochen weg, ›in Geschäften‹, sagte er. Aber es waren keine Geschäfte. Wilma hat's nachgeprüft.«

Barbara hörte auf zu sprechen und beugte sich zu ihrem Spiegelbild vor, während sie sich auf ihr Make-up konzentrierte. Sie hielt jetzt ein winziges Bürstchen in der Hand, das sie mit zarten Strichen an ihren Wimpern entlangführte. Und erst, als sie damit fertig war und mit den Augen blinzelte, sprach sie weiter.

»Es war eine andere Frau«, sagte Barbara. »Wilma konfrontierte ihren Mann mit den Tatsachen – Telefonrechnungen, Kreditkartenbelegen, all diesem Zeug. Und was das Interessante an der Geschichte ist: Der Mann schob einfach alles zur Seite und sagte: ›Diese Frau versteht mich.‹«

Barbara riß die Augen auf, schnitt eine Grimasse in den Spiegel und machte sich über ihre Brauen her – indem sie die kleinen Grate schwärzte, aus denen sie die Haare gezupft hatte.

»Ehe Wilma noch irgendwas sagen konnte, teilte ihr Mann ihr schlicht mit, er hätte entdeckt, daß es ihm Spaß mache, sich als Frau zu verkleiden – Kleider und Pumps und Schmuck und manchmal eine Perücke zu tragen. Wilma hatte keine Ahnung gehabt, aber offensichtlich stand die andere Frau ganz ungeheuer drauf und ermunterte ihn sogar. Sie zeigte ihm, wie man Make-up benutzt, half ihm, die richtigen Kleider zu wählen, und dann gingen sie zusammen aus, wie zwei Flittchen auf der Walze.«

Barbara machte einen Fischmund, als sie sich die Lippen schminkte, und die Art, wie das ihre Stimme verzerrte, ließ die Geschichte noch seltsamer erscheinen.

»Wilma war entsetzt. ›Du trägst Frauenkleider?‹ fragte sie. Sie war angewidert und wütend und hat mir erzählt, daß sie daraufhin einen Streit vom Zaun brechen wollte. Aber ihr Mann ging einfach weg und hat sich im Schlafzimmer eingeschlossen. Wilma bummerte eine Weile an die Tür und gab dann auf. Etwa eine halbe Stunde später kam ihr Mann raus. Er hatte Wilmas schwarze Abendrobe an, ihre Perlen, ihre Strumpfhose und war geschminkt. So wie ich vermutlich.«

Sie drehte sich zu Parker herum: Ihr Gesicht war schön und strahlend.

»Ehe Wilma ein Wort herausbrachte, hat er sie auf den Fußboden gezerrt und nach Strich und Faden durchgefickt«, sagte Barbara. »Aber sie hat ihn trotzdem verlassen. Es war nicht wegen der Kleider, es war wegen der anderen Frau.« Parker suchte nach dem Gesicht unter dem Make-up.

»Tatsache ist«, sagte Barbara, »es ist zigtausendmal bequemer, wenn die Leute normal sind.«

»Klar«, sagte Parker.

Ich bin ein Mörder, du bist eine Nervensäge, und was das *Normalsein* betrifft, was war gestern abend? Er fühlte sich durch seinen Ekel isoliert.

»Ich finde, du erholst dich allmählich, Liebling«, sagte sie. Und wich ihm aus, als er sich vorbeugte, um sie zu küssen. Sie hatte ihr Gesicht mit dieser Maske stilisiert und wollte es sich nicht verschmieren. »Du wirst bald wieder arbeiten können.«

Diese Absurdität ließ ihn wirklich lächeln, aber es war kein Spaß an dieser Komödie. Er war froh, daß sie bald danach zu dem Fotografen aufbrach, denn sein Lächeln wich nicht aus seinem Gesicht, sondern versteinerte zu einer Horrormaske.

Wie wenig sie doch wußte. Es war die Ursache ihrer Kraft. Und der Beweis für ihre Naivität war, daß sie noch immer an die Zukunft glaubte, an eine Zeit, da er gesund sein und wieder arbeiten würde. Er hatte nicht den Mut, ihr zu sagen, daß keine Hoffnung bestand.

Die Erinnerung an ihr Rendezvous machte ihm angst. Sie hatte es nicht in Frage gestellt, ebensowenig wie sie die wilden, zotigen Wörter in Frage stellte, die sie manchmal herausschrie, wenn sie miteinander schliefen. Im nachhinein sprachen sie nie über ihre Verabredungen – versuchten nie, sie zu analysieren –, weil sie nur so fortfahren konnten, sich gegenseitig zu treffen und zu überraschen. Der ganze Kitzel lag im Unerwarteten und Unbekannten. »Verabredung« war ein neutrales Wort. *Laß uns der Sache keinen Namen geben.*

Einmal, vor langer Zeit, ehe Eddie geboren wurde, war sie als Pfadfinderin mit Zöpfen und Baumwollsöckchen aufgekreuzt – die Plätzchen verkaufte. Parker war fast drauf reingefallen, und dann spielte er mit, und der Grund für diese Kleinmädchenaufmachung war, daß sie unbedingt vergewaltigt werden wollte. Andere Male, als sie als Nonne oder Krankenschwester – oder als fremde Ehefrau, die auf Abenteuer aus war – erschien, war er stets erregt gewesen, wobei er freilich wußte, daß sich zu verkleiden auch sie scharf machte. Doch gestern abend war sie zum ersten Mal als Mann gekommen: Hatte sie bemerkt, daß sie in ihm Reue geweckt und dieser Reue ein Ventil verschafft hatte? Er nahm es nicht an. Barbara hatte die Sache vielmehr als Erfolg gewertet, dessen war er sicher, weil sie ihn erregt hatte. Das war der einzige Maßstab. Aber er war sich ebenso sicher, daß er ihr ein Bedürfnis offenbart hatte und daß die Offenbarung seiner Schwäche ihr Macht über ihn gegeben hatte. War es ihr nicht genau darum gegangen?

Die Erinnerung an seine Unterwürfigkeit – auf den Knien, am Boden – beschämte ihn. Ein weiteres Geheimnis, etwas Abgelegtes, noch etwas Totes, das zu vermodern begonnen hatte, eine Erinnerung, die ihn reuevoller stimmte. *Was nun?* dachte er, weil er Sharon jetzt besser begriff und auch sich begriff – er war aufgerüttelt und belehrt worden –, als sei er gehäutet und aufgeschnitten, als sei ihm das verfaulte Organ im Innern seines Körpers gezeigt worden.

Barbaras Mutter kam um zehn, um den Kleinen abzuholen. Diese Frau war irgendwas über sechzig, und dennoch hatte ihre Erziehung sie mädchenhaft erhalten. Aufgrund ihrer immer noch bestehenden Gelüste und Neigungen war sie sehr dick. Ihr Name wer Herma, allerdings hatte Parker Schwierigkeiten, ihn mit unbewegtem Gesicht auszusprechen, und brachte ihn nur zweifelnd heraus, als sei es ein Spitzname, der nicht ganz paßte. Ihr Vater hatte Herman geheißen, und Parker sah Herma nie, ohne daß er sie sich als dickes, verzogenes kleines Mädchen mit einem liebenswert-närrischen Vater vorstellte, den sie vergötterte.

Als Parker an die Tür ging, stand sie schwerfällig auf der Treppe; sie sah in der Hitze furchtbar fett, dickbusig und unpäßlich aus. Aber wie harmlos und menschlich war sie doch – und wie sehr war er ihr unterlegen. Er wünschte sich ihre Vergebung, ohne zu wissen, wie er sie darum bitten sollte.

»Hallo, Parker. Hat Barbara dir gesagt, daß ich komme?«

Sie war herzlich und ängstlich, wahrscheinlich mißtraute sie ihm. Sicher war ihr unbehaglich in seiner Gegenwart, sie mochte ihn nicht. Wegen seiner

Diät – der alten, strengen Diät – hatte er nie bei ihr gegessen: Was so gewesen war, als wollte er ihr nicht zuhören oder drehte sich von ihr weg. Es war Ablehnung. Ihre Verlegenheit ließ sie über die Maßen ernst und manchmal unabsichtlich ruppig werden.

»Wo ist denn mein Männlein?« sagte sie, womit sie das Baby meinte. Sie sprach, als könne das Baby sie hören.

Sie hat Angst vor mir, dachte Parker. Er fühlte, daß er faulig roch, daß ihn der Geruch von Verfaultem umgab.

Herma ging an ihm vorbei die Treppe hinauf, das Baby holen. Als sie mit dem Kind auf dem Arm wieder herunterkam, war sie gelöster, sie hatte etwas zu halten, etwas zu tun – und jetzt hatte sie auch etwas, worüber sie reden konnte.

»Ich behalte ihn den Tag über bei mir«, sagte sie. »Wir werden uns bei Omama köstlich amüsieren – ja, das werden wir!«

Parker regte ihr nervöses, manieriertes Gequassel auf, dennoch war sie besser, als er es je sein würde. Sie war keine Mörderin. Er betrachtete diese Frau wie eine andere Gattung.

»Barbara hat gesagt, du wärst übers Schlimmste hinweg«, sagte sie, als sie an der Tür noch einmal kurz stehenblieb.

Ich habe mir eine Frau geködert, sie in ihre Wohnung gebracht, gefesselt und zu Tode gebissen. Das war die Wahrheit. Ich bin der Wolfsmensch, und Barbara hat mich im Bad gefunden, wie ich geheult habe und zu betrunken war, um noch eins und zwei zusammenzuzählen. Aber was hatte Barbara wirklich gesagt?

»Mir geht es viel besser«, sagte Parker. »Danke für deine Nachfrage, wirklich danke...«

Seine Aufrichtigkeit schien die Frau zu verwirren. Sie wandte sich an das Baby und sagte, nun würden sie für diesen jungen Mann wohl was zu essen beschaffen müssen, oder?

Als Parker allein im Haus war, ging er an Barbaras Schrank und nahm fünf Kleider heraus. Er legte sie nebeneinander ausgebreitet aufs Bett. Er zog Schubladen auf und nahm Unterwäsche heraus – ihre Seidenwäsche wog und fühlte sich in seinen Händen wie etwas Flüssiges an. Slips und Höschen wie Sirup. Ihre Strumpfhosen waren weich und wie Spinnweben. Er liebte den Spitzenbesatz an einem ihrer Hemdchen und die Art, wie die Körbchen ihrer Büstenhalter gesteppt waren.

Sein Genuß wurde durch sein Verweilen über diesen Dingen noch gesteigert – sie waren so zart und unwirklich und ließen kaum die Form eines Körpers ahnen. Sie nahmen Gestalt und Form dessen an, was sie ausfüllte.

Parker zog die Gardinen zu und schaltete die Nachttischlampe an, ihrerseits ein schöner Gegenstand mit einem Lampenschirm aus Spitze und schmeichelndem Licht. Dann zog er sich aus. Er stieg in ein Paar schwarzer Höschen und mußte den Atem anhalten. Kaum hatte er sie an und sie umspannten ihn, bekam er eine Erektion. Die übrigen Sachen paßten ihm nicht, er hatte nicht die Taille. Er probierte einen von den Röcken an, bekam ihn aber nicht zu. Barbara hatte einen spitzenbesetzten Satinmorgenmantel aus Frankreich. Den zog Parker an, und ihre Langhaarperücke, und spazierte damit vor dem hohen Spiegel hin und her.

Wie würde es sein, überlegte er, wenn man in diesem Aufzug die Straßen entlangginge, in den Bahnhof hinein, im Zug säße? Er konnte sich nicht dazu überwinden, es zu versuchen. Er schlenderte im Haus umher, behielt die Perücke auf, sah sich die Mittagsnachrichten an. Er legte Lippenstift auf und betrachtete nicht frontal, sondern schräg von der Seite sein Spiegelbild. Dann wusch er sich das Make-up aus dem Gesicht und legte die Perücke weg. Er schlüpfte aus dem Morgenmantel und zog die eigenen Sachen über das schwarze Spitzenhöschen. Er stieg in den Wagen, fuhr in Evanston herum und fühlte, wie das Höschen sich an seine Haut schmiegte. Er beobachtete andere Frauen, nicht in sexueller Absicht, sondern um sie zu mustern und ihre Kleider und die Art, wie sie gingen, saßen und standen, genau zu studieren. Bemerkenswert war, was für kleine Schritte sie machten, wie dicht sie ihre Füße zusammenhielten, wie aufrecht ihre Haltung war – und die Auswirkung ihrer Haltung auf die Form ihrer Brüste. Und die hübschesten hielten die Köpfe erhoben, latschten nicht und machten kaum die Lippen auseinander, wenn sie sprachen.

Die Männer, die bei Wendy's wartend am Tresen standen, sahen ihn nicht an. Er bestellte sich einen Dreifach-Hamburger mit Käse, ein Frosty und einen Kaffee. Er glaubte aufzufallen, und trotzdem sah ihn niemand, auch nicht, als er vier Stück Zucker in seinen Kaffee tat. Es kümmerte niemanden. Er wartete darauf, daß ihm von dem Essen übel wurde, aber er wurde nichts weiter als müde und durstig. Er schlenderte zu einem Dairy-Queen-Eisladen und kaufte sich ein Double Delight. Er aß das Eis und leckte den Löffel ab: Niemand nahm davon Notiz.

Auf dem Etikett in dem Höschen stand *Wild Nights* – das fiel ihm später am Nachmittag wieder ein, in einer Bar, in der überall um ihn herum Männer standen. Er fühlte sich durch das schwarze Spitzenhöschen in seiner Bewegung eingeschränkt, er fühlte sich verwundbar. Wenn einer von diesen Männern wüßte, was er anhatte, würden sie ihn vielleicht töten. Er erwog diesen Gedanken und fand an seiner Logik nichts Verkehrtes. Er fuhr heim und legte widerstrebend alles weg.

»Du warst weg«, sagte Barbara, als sie zurückkam.

»Nein«, sagte er mit schroff herausfordernder Stimme.

Sie wußte, daß er log – aber warum interessierte es sie nicht?

Es war der erste Tag einer ganzen Woche, in der er

sich verkleidete. Jeden Tag probierte er andere Sachen an, und eines Tages – ebenfalls in Frauenkleidern – schlich er sich zu seinem Wagen und fuhr nach Skokie, parkte vor dem Krankenhaus, fuhr zum Friedhof, zu einer Bar. Aber er blieb im Wagen sitzen und hielt die Türen verriegelt. Er hatte sich nie nackter gefühlt als in Frauenkleidern.

Mit Barbara hatte er so getan, als sei das Rendezvous im Blackstone ein Spiel gewesen. Es machte ihn nervös, daß sie soviel wußte, und da sie nicht wiederholen konnten, was sie getan hatten, welchen Nutzen hatte es da für sie beide? Er stellte fest, daß er in Barbaras Gegenwart männlicher war – nachdem er ihre Kleider ausgezogen, die neue Unterwäsche versteckt, die er sich im Wild-Nights-Laden in der North Michigan gekauft hatte, und sich den Lippenstift vom Gesicht geschrubbt hatte. Er fluchte, stritt, warf Sachen durch die Gegend und knallte Türen zu, und er haßte diese großspurige, aufgeplusterte Männlichkeit, weil sie ihn an sich in seinen miesesten Momenten erinnerte.

Kapitel 10 Bei dieser Heimlichtuerei brauchte er Ewa nur um so dringender – und das führte zu einem merkwürdigen und unerwarteten Ergebnis. Seit er sich verwundbar und weiblich fühlte, wie Sharon sich gefühlt haben mußte, stellte er fest, daß Ewa in seiner Gegenwart gelassener und aufgeschlossener wurde.

Sie nahm ihn wieder ins Sportstudio mit, doch widerstrebend: Er merkte, daß sie nicht verantwortlich für ihn sein wollte. Er trainierte zusammen mit ihr, und obgleich er sich bemühte, wirkte er desinteressiert. Er war kurzatmig, dicklicher, blasser, geradezu so, als habe er einen Busen bekommen von dem Fraß, den er inzwischen einen Monat lang zu sich nahm. Das Essen machte ihn müde, ihm wurde schwindelig, und er bekam Kopfschmerzen davon; er wachte mitten in der Nacht auf und fühlte sein Herz pochen. Junk food war süß-salzig, und er hatte ständig Durst, und was er trank, war ebenfalls süß-salzig. Er wußte, er hatte Fett im Blut. So hatte Sharon sich jeden Tag gefühlt, irgendwie übel im Magen und benommen.

Vom Sport fühlte er sich nur noch schlechter. Seine Langsamkeit spornte Ewa an und ließ sie ehrgeizig werden. Seite an Seite stemmten sie Gewichte, machten Sit-ups auf dem Schrägbrett und bogen sich an den Maschinen. Sie verglichen die Zahlen, aber Ewas waren immer höher als seine.

»Es fällt dir schwer, Spaß zu haben«, sagte Ewa.

Parkers Gesicht war naß und sah bekümmert aus, als er sich ihr zuwandte; ihres strahlte vor Gesundheit. Sie war nicht außer Atem.

»Ich hab das nur so hergesagt«, sagte sie, aber es freute sie, daß sie ihn verblüfft hatte.

Danach machte er nicht mehr mit. Vom intensiven Trainieren wurde ihm übel. Schlaff und schwindelig mußte er sich hinterher immer übergeben. Er fühlte sich besser, wenn er auf der Galerie oder den Bänken saß, Cola trank, Zeitung las und Ewas Eifer bewunderte. Er sagte sich, sie werde lange leben.

Ihr Training ging stets dem Unterricht voran, den sie in Kenpo erteilte. Ihre Fußtritte, Rumpfbeugen und Armhiebe erregten ihn, und die Kattas, die sie durchführte – alle der Reihe nach angewandten Techniken – rissen ihn hin. Er war überrascht von ihrer Anmut, weil er sie immer als ziemlich plump eingeschätzt hatte, aber das hier war wie Ballett.

Er sagte es ihr. »Diese Kampfsportsachen, die du da machst – das ist wie ein Tanz.«

»Ein Tanz des Todes«, sagte sie. »Weißt du, wie gefährlich diese Fußtritte sind?«

Ihm gefiel das, es erregte ihn, und er stellte sich vor, daß sie auf ihm herumtrampelte: Zu Tode getreten und geprügelt, weil er ihr vertraute und sie brauchte. Auch sie vertraute ihm, schien sich bei ihm sicherer zu fühlen. Sie hörte auf, ihn danach zu fragen, wo er arbeitete und warum er soviel freie Zeit hatte. Er fragte sie, ob sie Urlaub habe.

»Nein«, sagte sie. »Ich habe Nachtdienst.«

Das machte ihn auch nicht klüger, aber er hatte das Gefühl, daß sie ihm sagen würde, wo sie arbeitete, wenn er nur danach fragte. Sie würde ihm womöglich alles erzählen, wonach er fragte. Sie war freundschaftlicher. Aber er fragte nicht, und seine Passivität machte ihr Mut und verlieh ihr Kraft.

Es war ungefähr vier Tage, nachdem er im Sportstudio zum Zuschauer geworden war, daß er beim Hinausgehen seine Routinebitte äußerte, ob sie nicht etwas essen gehen könnten – und sie überraschte ihn, indem sie einwilligte.

»Wie wär's mit Chinesisch?« fragte sie. »Ißt du so was? Chop Suey? Fu Yong Hay? Geschnetzeltes Schweinefleisch?«

Sie zog ihn auf, als wären sie alte Freunde. Das Training hatte sie warmherzig und zutraulich gemacht. Er liebte sie, wenn sie so war.

Parker sagte: »Ich esse, was ich will.«

»Ich kenne da ein Lokal«, sagte sie.

Und als sie ankamen, sagte Parker: »Sie werden denken, wir sind Zwillinge.«

Sein blauer Trainingsanzug entsprach ihrem vollkommen, selbst die weißen Streifen an den Ärmeln und die Biesen an den Seiten der Hosen. Sie war es gewesen, die ihm zugeredet hatte, sich den Anzug und ein gutes Paar Turnschuhe zu kaufen, und so war er nun gekleidet, wenn er dasaß, ihr zusah und Cola trank. Seine Straßenkleidung befand sich in der kleinen schwarzen Tasche, die er dabei hatte, aber er hatte nicht trainiert, warum sich also die Mühe machen, sich umzuziehen?

Ewa hakte ihn ausgelassen unter und sagte: »Ja, allmählich siehst du wie ich aus. Besonders in dem Anzug.«

Sie führte ihn in das Restaurant. Es hieß The China Moon und lag an der 23. Straße Ost neben einem viel größeren Laden, in dem Bambusmöbel verkauft wurden. Das Lokal war wenig größer als eine Ladenfront, mit kleinen wackeligen Tischen, klebrigem Fußboden und Dampfwolken, die der Küche entströmten. Ewa nahm die Sache in die Hand, suchte den Tisch aus, begrüßte den Kellner, bestellte das Essen. Es war geschnetzeltes Schweinefleisch mit Garnelen und eine Fischklößchensuppe. Beide tranken sie Bier, und als Parker nicht mehr konnte, schlang Ewa noch immer gebratenen Reis in sich hinein.

»Ein Kohlehydratestoß«, sagte sie. Das hatte er früher immer gesagt. Sie lächelte. Sie hatte Fett an den Lippen.

»Du siehst glücklich aus«, sagte er.

»Weil du nicht mehr sagst, was für 'n Scheiß solches Essen ist. Ich meine, ich dachte, du wolltest mich in Rage bringen.«

»Ich mag dieses Essen«, sagte Parker.

»Ganz meinerseits.«

»Es ist kein Scheiß, wenn man es mag.«

Sie sah ihn mißtrauisch an. »Soll das tiefsinnig sein – so was wie philosophisch?«

Sie hatte ein tiefes, verständnisvolles Lachen, in dem kein Fünkchen Böses lag. Er staunte über ihre Macht über ihn: Sie war sehr stark, und das war ihr vielleicht gerade klar geworden; oder seine Schwäche.

Sie öffnete den Reißverschluß ihrer Trainingsjacke, streckte die Arme aus und gähnte. Auf ihrem T-Shirt stand: *»Fies bis ins Mark.«*

»'ne Freundin von mir hat's mir in Panama City besorgt«, sagte sie, als sie sah, daß Parker darüber lächelte. »Das ist in Florida. Der Pfannenstiel. Genau am Golf. Ein toller Strand. Sie hat gesagt, der Sand wär wie Puder...«

Parker hatte Ewa noch nie so gesprächig erlebt.

»Ich wohne hier ganz in der Nähe«, sagte sie, als er die Rechnung bezahlte und die Brieftasche zurück in die Trainingsjacke steckte. »Ich habe eine Wohnung am Cottage Grove.«

»Ich begleite dich nach Hause«, sagte er, weil es schien, daß sie darauf hinausgewollt hatte.

Als sie auf der Straße waren und durch die Hitze des frühen Abends spazierten, führte sie von neuem, übernahm die Initiative. Sie sagte, er käme ihr verändert vor. Als sie an der Indiana darauf warteten, daß die Ampel umschaltete, sagte sie: »Erzähl mir einen Witz«, und er wurde sehr traurig.

Er wollte sagen: *Ich bin ein Mörder,* aber warum sollte sie an diesem grauenhaften Geheimnis teilhaben müssen?

»Du könntest eigentlich auch mit raufkommen«, sagte sie, weil er auf der Eingangstreppe ihres Hauses zögerte und eine Gruppe Schwarzer auf seine Unentschlossenheit aufmerksam wurde, die Art, wie er die Treppe halb hinaufging und dann wieder hinunter. Oder lag es daran, daß ihre Trainingsanzüge die gleichen waren – geschmackloserweise die gleichen? Egal, sie nahm seinen Arm und führte ihn nach oben.

Ihre Wohnung – drei Zimmer höchstens – war ziemlich unordentlich, wirkte aber zusammengeräumt, als habe sie kurz entschlossen den Versuch gemacht, Ordnung zu schaffen. Parker war gerührt, als er in der Küche mehrere Pflanzen sah und sich vorstellte, wie sie die goß. Sie stellte ihm ein Bier hin und goß sich etwas Wodka ein. Sie setzten sich nebeneinander auf das weiche Sofa und horchten auf das Gekreische unten auf der Straße.

»Es ist so friedlich hier«, sagte Parker.

Dabei war es laut, heiß und ungelüftet – die kleinen Räume erstickten ihn. Er überlegte, was sie sagen würde, wenn er sie wissen ließ, daß er genau das Gegenteil von dem gemeint hatte, was er gesagt hatte.

Sie zog den Reißverschluß ihrer Trainingsjacke auf und zog sie aus. Sie trug noch immer das T-Shirt. Ungezwungen tat Parker das gleiche und warf seine Jacke auf ihre.

»Es ist nicht übel«, sagte sie. »Ich bin in der Milwaukee Avenue aufgewachsen, wo sonst? Aber ich wollte da weg, alleine leben, ein bißchen unabhängig sein. Ich sehe meine Familie noch ab und zu. Sie finden es grauenhaft hier. Ich meine, das hier ist der Dschungel, wenn's nach ihnen geht. Aber ich kann auf mich selber aufpassen.«

Sie legte einen Arm um ihn, und als sie sich gegen ihn gelehnt aufrichtete, ließ sie ihn klein und schutzbedürftig erscheinen. Sie drückte ihn sanft tröstend an sich.

»Du kennst mich nicht«, sagte Parker und überlegte, was er als nächstes sagen sollte.

»Glaubst du, du kennst mich?« sagte sie.

Er schüttelte den Kopf. Sie waren beide noch immer Fremde füreinander, und es war, als trügen sie Schichten von Kleidern.

»Ich habe dich warten lassen«, sagte sie.

Parker protestierte, aber sie drückte ihn wieder an sich und brachte ihn zum Schweigen.

»Ich meine, noch keine romantischen Abende.«

Das war eine Wendung, die er in seiner Kontaktanzeige benutzt hatte: Sie hatte sie nicht vergessen. Er war beschämt – mehr als beschämt, ihm war der Gedanke verhaßt, daß er derartige Intrigen gesponnen hatte, um ihr Vertrauen zu gewinnen. Einen *»leitenden Loop-Angestellten«* hatte er sich genannt. Grauenhaft, grauenhaft, denn dadurch fiel ihm die andere Anzeige wieder ein, das andere Rendezvous, und wie es ausgegangen war. Wie sorgsam, wie einfallsreich hatte er Kontaktanzeigen abgefaßt, mit all den Reizwörtern, die in den wenigen Zeilen blinkten.

Ewa hatte nicht bemerkt, daß ihre Erwähnung der Anzeige ihm die Sprache verschlagen hatte. Sie redete immer noch.

»...nur wenn du verstehst, wo ich herkomme«, sagte sie soeben. »Einmal bin ich von einem Typen echt angemacht worden.« Sie verstummte, und als Parker nichts sagte, setzte sie hinzu: »Richtig mißhandelt.« Immer noch tat Parker nichts weiter als starren – er blickte starr auf das kleine Bild der Kontaktanzeige. »Ich meine, vergewaltigt«, sagte Ewa.

Das hörte er. »O Gott«, sagte er und drückte sein Gesicht an sie. Er wollte nichts mehr davon hören.

Aber sie rückte ein wenig beiseite und griff nach ihrem Glas. Während sie draus trank, sagte sie: »Ich hab ihn sogar ein bißchen gekannt. Er war ein Arschloch. Jetzt sitzt er in Joliet seine Zeit ab.«

In seinem wachsenden Zorn löste Parker sich von ihr und rutschte vor, wobei er größer zu werden schien. Die Wut erfaßte alle seine Sinne und warf einen Schatten – es war der blinde, schwarze Schatten der Empörung – auf seine Erinnerung. Im Augenblick konnte er an nichts anderes denken als an das abscheuliche Unrecht des Martyriums, das diese einsame Frau erlitten hatte.

»Das ist ja grauenhaft«, sagte er und erschreckte sie damit.

»Ich war eine Zeitlang in einer Beratung«, sagte Ewa leise, da sie zu bemerken schien, daß Parker aus der Fassung gebracht war und beruhigt werden mußte. »Sie meinten, ich müßte mich damit auseinandersetzen, darüber hinauswachsen. Mich weiterbewegen.«

»Du meinst, alles vergessen?« Parker hockte immer noch wie ein Affe auf der Sofakante. Seine Nerven sirrten vor Wut – unentwegt faltete er die Hände, konnte sie aber nicht zusammen halten. »Einfach so... vergessen, daß dich ein Typ vergewaltigt hat?«

»Vergeben und vergessen«, sagte Ewa. »Das bedeutet, sich damit auseinandersetzen. Sich nicht davon überwältigen lassen, nehme ich an.«

»Willst du mir Quatsch erzählen?« fragte Parker. »Diesem Scheißmonster vergeben, das dir so was angetan hat. Welchen Zweck hat es denn zu vergeben?«

Ewa wollte gerade antworten, irgendwas über Sich-damit-Auseinandersetzen, Sich-davon-nicht-überwältigen-Lassen, aber Parkers Stimme war ein tiefes empörtes Brüllen geworden, das sie zum Schweigen brachte.

»Ein Verbrechen ist an dir begangen worden. Ein erwachsener Mensch hat es getan, das Gesetz gebrochen – dich wahrscheinlich nicht nur körperlich, sondern auch seelisch verletzt. Nichts kann so eine Tat ungeschehen machen.« Er hatte zu stottern und zu geifern begonnen. »Keine Vergebung! Er mußte bestraft werden!«

»Er hätte zwischen null und zehn Jahren kriegen können«, sagte Ewa. »Am Ende waren es fünf. Davon wird er wahrscheinlich zwei absitzen. Höchstens.«

»Du hast gesagt, du kanntest ihn?«

»Ich wußte, wer er war«, sagte Ewa. »Ich kannte seinen verdammten Namen. Er hat geglaubt, ich würde ihn nicht anzeigen.«

»Was nutzt das alles schon... die Strafe ist jämmerlich«, sagte Parker. »Er sitzt im Häftlingsgemeinschaftsraum und sieht sich Spielshows an.«

»Was meinst du denn, was er hätte kriegen sollen?«

Parker zitterte, und obgleich er wußte, daß er Ewa mit seiner Wut aufgeschreckt hatte, konnte er nichts machen. Er war erbost, empört und aggressiv, und ihm tat Ewa leid, weil er glaubte, daß sie diesen Mann überhaupt nicht gekannt hatte, daß sie reingelegt worden war. Aber Parker kannte den Mann gut und hätte ihr alles über ihn erzählen können.

»Er sollte vergewaltigt werden«, sagte Parker.

»Mein Gott«, sagte sie und schien ernstlich schockiert, weil Parkers Augen auf ihre gerichtet waren.

»Immer und immer wieder«, sagte Parker. »Soll er doch dran eingehen.«

»Jetzt würde er dran eingehen«, sagte Ewa. »Nach der Beratung habe ich mit dem Kampfsport angefangen. Ich hatte einen koreanischen Lehrer. Das Ganze ist sehr orientalisch. Du hast wahrscheinlich bemerkt, wie ich mich verbeuge und so weiter.«

Parker hörte einen Unterton von Rache und war getröstet, weil er wußte, sie war stark.

»Die hier ist tödlich«, sagte sie und zeigte ihm die hübsche Hand. »Mit der könnte ich töten.«

Aber sie berührte ihn sanft, zog ihn wieder an sich und hielt ihn umschlungen, als wollte sie ihn trösten. Sie wußte, daß ihn ihre Worte aufgewühlt hatten, und wenn sie möglicherweise auch froh darüber war, daß er ihretwegen solchen Grimm an den Tag gelegt hatte, störten sie die Worte, die Parker geäußert hatte. »*Er sollte vergewaltigt werden*« – das hatte sie zusammenzucken lassen. Es schien ihr leid zu tun, daß sie es ihm erzählt hatte.

Eine ganze Weile verschnauften sie gemeinsam, während Ewa ihn immer noch umschlungen hielt, mehr eine Mutter als eine Geliebte.

»Ich muß ziemlich bald gehen«, sagte er.

»Woher weißt du, daß ich dich lasse?«

Sie trank wieder von ihrem Glas, wischte sich mit dem Handrücken das Nasse vom Mund ab und schmiegte sich enger an ihn. Ihre Finger schlängelten sich über sein Bein, und sie berührte ihn leicht mit den Fingerspitzen.

»So kann ich dich nicht gehen lassen.«

Was meinte sie damit? Ihre Hand massierte ihn, während sie seinen Körper betastete. Dabei gab es nichts, woran sie sich hätte festhalten können, und er schob, sie warnend, ihre Hand weg. Er war schlaff im Innern seines Wild-Night-Höschens.

»Ich bin wohl betrunken«, sagte er.

»Dann bist du in meiner Gewalt«, sagte sie. Es bedeutete nichts. Es war nur etwas, was sie mal irgendwo gehört hatte.

Er war froh, als sie seine Wange auf eine bestimmte Weise küßte und ihre Nase gegen sie drückte. Genauso hatte sie ihn kurz vorher noch umarmt. Es war ein mütterlicher Kuß, vertraulich und liebevoll, eine Berührung ihrer Lippen, ohne irgendwas dahinter – keine Frage, keine Forderung. Dessen war er sich sicher, weil er so viele Küsse erlebt hatte, die ausgehungert waren.

»Beiß mich nicht«, sagte Parker in einem hänselnden Ton, der ihn traurig stimmte.

Ewa wich von ihm zurück. Sie sah ihn prüfend an. Sie sagte: »So was tue ich nie.«

»Ich habe doch bloß einen Witz gemacht.«

»Mein Gott, was für ein Witz«, sagte Ewa. »Du weißt, daß eine der schlimmsten Verletzungen, die man verpaßt kriegen kann, der Biß von einem Menschen ist? Wenn auch nur der geringste Verdacht besteht, daß dir jemand die Haut durchbissen hat, brauchst du ungefähr fünfzig Spritzen plus ärztliche Beobachtung.«

»Woher weißt du das?« fragte Parker.

Ewa schien sehr verlegen, und Parker wurde ungeduldig: Was bedeutete das für sie?

»Ich weiß es eben«, sagte sie. »Es gehört zu den Dingen, die man wissen muß. Wenn du so was nicht weißt, tust du mir leid. Ich dachte, du hättest was auf dem Kasten.«

Parker berührte sie mit der Hand, und sie wich erneut zurück und sah ihn argwöhnisch an.

»Irgend so ein Typ im Sportstudio hat mich einmal beiseite genommen und sein Hemd hochgehoben. ›Sieh dir das mal an‹, hat er gesagt. Bißwunden am ganzen Körper: Auf seiner Brust, auf dem Rücken, am Hals. Er zieht seine Trainingshose runter: Bißverletzungen auch am Bein. Ich sage zu ihm: ›Du siehst wie Hundefutter aus.‹«

Ewa schüttelte ungläubig den Kopf und lächelte; wie sie es wohl damals getan hat, dachte Parker.

Parker sagte: »Vielleicht hat's ihm Spaß gemacht.«

»›Ich hab wohl Schwein gehabt‹, sagt er zu mir.« Ewa hörte nicht zu. »Er hatte eine Frau in einem Lokal namens Eddie Rockets aufgegabelt. Nahm sie mit zu sich, und sie hat ihn irgendwie gebissen. Am ganzen Körper. Er sagt zu mir: ›Ich glaube, ich hab' da den richtigen Knopf erwischt.‹«

Ewa schlang ihre Arme um Parker und legte ihm den Kopf auf die Schulter. Sie war wieder verkrampft.

»Am nächsten Tag brachten sie ihn ins Krankenhaus«, sagte Ewa. »Er hatte Schüttelfrost, hohes Fieber, mußte sich erbrechen – aber sie konnten nichts feststellen. Er konnte kaum atmen, wurde bleich, konnte nicht essen. Etwa eine Woche war er sehr schwach. Sie verabreichten ihm Antibiotika, und schließlich war er wieder im Studio. Klar – ich könnte dich beißen.«

Doch die Art, wie sie ihn umfaßt hielt, hatte eine Intensität, die ihrerseits wie eine Frage war.

»Mit mir ist nicht viel los«, sagte Parker.

»Dann halte mich einfach, drück mich an dich«, sagte sie.

Das tat er, und ihr ganzer Körper schien sich schluchzend an ihn zu pressen, zitternd, während sie mehrmals mühsam nach Luft schnappte. Es war, als friere sie und lasse nun, fest an ihn geklammert, diese Seufzer und Zuckungen wie inständige Bitten, sich wärmen zu dürfen, in seinen Körper strömen.

Aber ihre Umklammerung hatte ihn abgetötet und ließ ihn sich wie ein Stein fühlen, an dem sie sich festgesaugt hatte: Sie war etwas Freies, Lebendiges, das sich einfach festhielt. Parker brachte es nicht fertig zu reagieren. Ewa strotzte und drängte vor Leben, doch er war ausgelaugt, hatte das Gefühl, leer zu sein. Alles war für ihn vorbei, und am liebsten hätte er geweint und das Schwinden seiner Lebenskraft betrauert. Er hatte keinen Sexualtrieb mehr, keine Lebenslust, keine Hoffnung, nur Gram um das, was er war und was er getan hatte. In dieser reaktionslosen Schlaffheit saß er da, und ihr Körpergewicht, das an ihm lehnte, ließ ihn seinen Schwanz so bedeutungslos empfinden wie ein Stück Bindfaden: Ihr Körper war eine Frage, auf die er keine Antwort hatte.

Er wollte sie wieder warnen, doch da wurde ihm klar, daß jede Warnung sie nur um so mehr ängstigen würde: Sie war vergewaltigt worden.

Und so kam er zu dem Schluß, daß er so bald wie möglich gehen mußte. Er hatte sich so darauf gefreut, sie zu sehen, und jetzt konnte er es nicht erwarten wegzukommen. Es war alles sein Fehler. Sie war voller Vertrauen, das er nicht verdiente. Irgendwie verachtete er sie dafür, daß sie überhaupt mit ihm zusammen, daß sie nicht vorsichtiger war.

Im Geiste löste er sich aus ihren Armen, griff nach seiner Jacke und rannte aus der Tür – die Treppe hinunter und auf die Straße. Er wünschte sich so sehr, weg zu sein. Er hielt immer noch ihre Hand in seiner, damit sie nicht in seiner Trainingshose herumfummelte und dahinterkam, was er anhatte.

»Ist schon in Ordnung, Liebling«, sagte sie.

Sie schien mit sich selbst zu reden, und dennoch tröstete ihn, wie sie es sagte. Sie forderte nichts – nur ihn halten zu dürfen, sich an ihn anzukuscheln, weil er so passiv gewesen war. Das konnte er ihr nicht verweigern, und tatsächlich kam er zu dem Schluß, daß es mehr war, als er verlangen konnte: Sie war freundlich, zutraulich, arglos.

Schließlich sagte sie: »Ja. Wenn du gehen willst...« Und löste ihre Umarmung.

Es war dunkel geworden, die Nacht war hereingebrochen, während sie auf ihrem hubbeligen Sofa saßen, und sie hatte kein Licht eingeschaltet. Er war zu einem leblosen Klumpen neben ihr geworden, und jetzt sprang er auf und tastete im Dunkeln nach seiner Jacke. Doch von Dankbarkeit und Rührseligkeit erfüllt, zögerte er.

»Ich brauche dich so sehr«, sagte er. Er hatte das schon einmal gesagt, ohne zu wissen, ob er es auch meinte. Jetzt tat er es wirklich, und er wünschte sich verzweifelt, daß sie es annahm, weil er sonst nichts hatte, was er ihr geben konnte. »Glaubst du mir das?«

Sie nickte im Dunkeln und brachte das Sofa zum Wackeln. Im Hals machte sie ein Geräusch, das vermuten ließ, sie lache leise, weil sie sich fragte, warum er ihr all das zu sagen versuchte.

»Bitte, gib's nicht auf mit mir«, sagte er.

Sie holte tief Luft und seufzte, dann sagte sie in die nachfolgende Stille hinein: »Ich habe sonst niemanden.«

Er hätte das gleiche sagen können, aber er hatte das Gefühl, wenn er das täte, könnte er sie in die Enge treiben. Er sagte nichts, aber er sah eine Chance für sie beide: Sie war ein Opfer gewesen, und so war der Weg klar für ihn. Er mußte ihr alles opfern, was er hatte: Er mußte ihr dienen.

Er sagte: »Ich will dich überraschen. Alles, was du möchtest – absolut alles. Verlange es einfach.«

Es war seine einzige Rettung. Und wenn sie wirklich habgierig war und ihn ausnutzte, konnte er erlöst werden.

»Vielleicht möchte ich dich einfach so, wie du bist«, sagte sie, »und daß sich nichts ändert.«

Darauf konnte er nicht anworten. Er war den Tränen nahe und froh, daß es im Zimmer immer noch dunkel war.

»Das ist alles, was ich mir wünsche«, sagte sie, weil er stumm blieb.

Sie glaubte, es sei ein einfacher Wunsch. Sie wußte nicht, daß es der schwerste Wunsch von allen war.

Er küßte sie, griff sich seine Jacke, verließ die Wohnung und rannte in die Dunkelheit hinaus. Aber statt nach Hause zu fahren, wanderte er in nördlicher Richtung die Cottage Grove entlang, gebremst von der Hitze, die die Nachtluft undurchdringlich machte.

Kapitel 11 Er war so froh, dort weggekommen zu sein, daß er weiterlief, die Cottage Grove hoch bis zur Cermak und dann nach Norden die Indiana entlang, die Trainingsjacke über dem Arm, weil es zu warm war, sie anzuziehen, selbst um zehn in dieser Sommernacht. Er schätzte, daß es nur anderthalb Meilen bis zum Loop waren, wo er einen Zug heim nach Evanston nehmen wollte.

Der Rhythmus seiner Schritte brachte ganze Sätze in seinem Innern zum Vorschein, die Ewa ausgesprochen hatte: »*Noch keine romantischen Abende*«, und: »*Einmal bin ich von einem Typen echt angemacht worden*«, und: »*Ich habe sonst niemanden.*«

Jetzt wußte er, daß sie in einer engen Wohnung lebte, daß sie Wodka trank, Bluejeans trug und Radio hörte – und was für ein Radio, mit Isolierband zusammengehalten –, und sie arbeitete wahrscheinlich im Sportstudio. Ab und zu warf sie einen Blick auf die Trainingsmaschinen und sagte sich leise: »*Mach's noch ein paarmal.*« Und Parker wußte noch etwas: Daß er ihr helfen mußte, nicht um sich von seiner Sühne zu befreien, sondern weil er ihr so viel schuldig war. Sie war freundlich und mitfühlend gewesen, ohne jedes Mißtrauen, sie akzeptierte ihn, und nach all der Zeit hatte es den Anschein, als begehrte sie ihn. Er verdiente es nicht. Doch wie würde sie auf seine Hilfe reagieren?

Aus baufälligen Häusern rentable Chicagoer Immobilien zu machen, hatte ihm Einblicke in die Kunst der Umgestaltung verschafft. Die Architektur war eine kosmetische Kunst, und in dieser Stadt war sie eine Art Religion. Doch die Kunst, Häuser zu entwerfen, hatte etwas Herzloses. Parker hatte die Architektur aufgegeben und High Impact gegründet, um die Konstruktionen mit Zweck und Profit zu erfüllen.

Er wünschte sich, aus Ewa eine Wohnungseigentümerin an der North Shore zu machen, in Barrington oder Northbrook, in einem Haus mit Türmchen und einer Müllpresse: eine Art Ravinia-Komiteemitglied, mit dem ein Mann sich nicht anzulegen wagte, das keinen Mann nötig hatte. Parker nahm sich vor, ihr zu geben, was er hatte, es ihr einfach zu überlassen, und zwar so viel, daß es ihn ernstlich einschränken würde. Zunächst würde sie es zurückweisen, sie würde ihn auslachen. Sie war immer schon ausweichend und zögerlich gewesen. Schließlich aber würde sie es annehmen; wenn sie verstand, was es bedeutete. Und der Gedanke anfänglicher Vorsicht erschreckte ihn nicht: Vorsicht hatte ihr das Leben gerettet in der Nacht, als er Sharon getötet hatte.

Auf den Eingangsstufen der trübseligen Backsteinwohnhäuser an der Indiana Avenue saßen Männer. Manche von ihnen sprachen ihn an – um ihn gleichsam aufzustören, aber ohne viel Interesse, wie Hunde, die jemanden anbellen, keinen Menschen, sondern einen anderen Hund. Sie machten ihn nur darauf aufmerksam, daß sie da waren. Er sah auf, hatte aber Angst, ihren Blicken zu begegnen. Seine Traurigkeit hatte mit den Männern nichts zu tun. Er dachte über Ewas unmöglichen Wunsch nach: *»Ich möchte dich einfach so, wie du bist, und daß sich nichts ändert.«*

Es zeigte, wie wenig sie wußte. Doch trotzdem konnte er ihr helfen, konnte ein Freund sein. Er schuldete ihr sehr viel, nachdem er ihr soviel verweigert hatte – nach all den Lügen, die er ihr erzählt hatte. Er stellte sich eine Beziehung mit ihr vor, in der er jedes mögliche Opfer brachte, alles, was er Sharon nicht gegeben hatte, würde er Ewa bieten: Leben, Freiheit, Reichtum, Glück, alles, was sie wollte. Den Rest seines Lebens würde er Ewa zum Geschenk machen, er würde sie erretten. Und sie war ideal dafür, weil sie gequält worden war, sie war vergewaltigt worden. Es gab sonst nichts auf Erden, was er an Nützlichem tun konnte. Er wünschte sich, zu Grunde gerichtet zu werden, damit sie aufstieg.

Er war auf der Indiana bis zur Achtzehnten gelaufen – die Blocks waren hier lang –, als er eine Kneipe sah. Die Tür stand offen, es waren Leute drin, aggressiv wirkende Leute, meist Männer. Er ging hinein. Das Lokal war dürftig beleuchtet und voll, Gäste standen an die Bar gedrängt und tranken aus

Flaschen, und es war hektisch und heiß. In der Jukebox lief Rockmusik, das Fernsehen zeigte ein Baseballspiel, hin und wieder Geschrei, viel Rauch und Sprechen. Parker trat an die Bar, und ein Mann wandte ihm das Gesicht zu, machte ihm Platz und hielt ihn mit schwerfälliger, betrunkener Aufmerksamkeit im Auge, als er sich ein Bier bestellte.

Der Barkeeper zapfte es schnell und schluderig, indem er den Hebel mit der Aufschrift »Draft Bud« packte, Bier und Schaum ins Glas platschen ließ und reichlich verschüttete, als er es über die Bar schubste. Alles troff – das Glas, die lackierte Bar, die Finger des Barkeepers und die Münzen, die Parker als Wechselgeld zurückbekam, nasse Nickel und ein glitschiger Dime.

Der Mann neben ihm hatte sein Geglotze nicht eingestellt, und er machte zudem etwas fast Unmerkliches mit dem Kopf – er zuckte leicht, irgendwie überheblich oder ungläubig.

»Stimmt was nicht?« fragte Parker.

»Zierfische«, sagte der Mann und sah zu dem beleuchteten Aquarium hinter der Registrierkasse hinüber. Parker hatte es gar nicht wahrgenommen in der Düsternis von Flaschen, Regalen und Spiegeln, die nichts als die Schatten der Bar und all die Männerköpfe reflektierten. In dem Behältnis flitzten große, leuchtende Fische hin und her und stiegen langsam auf und nieder.

»Ja, Zierfische«, sagte Parker, nahm einen Schluck

und fragte sich, warum er in diese Bar gegangen war, wo er es doch eilig gehabt hatte, zum Loop zu kommen und nach Hause zu fahren.

»Sie kommen mir sehr bekannt vor«, sagte der Mann. »Wie jemand, den ich früher mal gekannt habe. Ein sehr lieber Freund.«

Er hatte es spöttisch gesagt, dennoch berührte es Parker, daß der Mann überhaupt gesprochen hatte. Er war ein dicker Kerl mit kurzem Haar und Schnurrbart. Trotz seines Umfangs war er zart, wie Parker an seinen Händen sah, und er hatte ein freundliches Gesicht – ein humorvolles, das er hinter seinem Schnurrbart leicht spöttisch verzog. Er trug ein weites, blaues T-Shirt, abgeschnittene Jeans und Sandalen, und trotzdem war seine Haut blaß. Er arbeitete in einem Büro, trug den ganzen Tag einen Anzug und war nicht, was er zu sein schien in dieser heruntergekommenen Kneipe, wo die Videospiele den Radau noch erhöhten.

»Wohnen Sie hier in der Gegend?« fragte Parker.

»Ist das nicht ulkig?« sagte der Mann, legte sein Kinn in die Hand und machte große Augen. »Die Leute stellen immer genau die Fragen, die sie von anderen hören wollen. Verstehen Sie? Man fragt nie: ›Wo bist du zur Schule gegangen?‹, wenn man nicht selber sagen will, wo man zur Schule gegangen ist.«

»Ich bin aus Skokie«, sagte Parker und fühlte sich vom Blick des Mannes bedroht.

»Klar sind Sie das«, sagte der Mann in einem

langsamen, schelmischen Geleier, als sei er derjenige, der aufgezogen wurde.

Parker hatte Bier in sich hineingeschüttet, und nun war das Glas fast leer. Der Mann bemerkte es und nickte zum Barkeeper hinüber.

»Noch zwei«, sagte er, während er auf Parkers und sein eigenes Glas zeigte.

Der Lärm in der Bar war wie dichter Rauch, aber fester und massiger – er nahm Raum ein und schien dem Mann Mut zu verleihen, so daß er, nachdem er Parker Platz gemacht hatte, jetzt dichter bei ihm stand. Eine Zeitlang sagte er nichts weiter, sondern lächelte nur durch die Musik und das Gerede hindurch. Mit den Knöcheln des Handrückens schob der Mann das volle Bierglas zu Parker hinüber, während er noch einen Schritt näher trat, so als folge er dem Glas. Allein in der Art, wie er dastand, lag etwas Fragendes, eine Art Herausforderung.

Parker blickte instinktiv nach unten und sah die dicken, bleichen Beine des Mannes und die hellen Haare auf seinen Schienbeinen. Die Füße in den Gummisandalen waren sehr schmutzig und hoben sich sonderbar gegen das breite, rosige Gesicht und die bleichen Hände ab.

»Erzählen Sie mir von Skokie«, sagte der Mann.

Und er machte etwas mit seinen Schultern, ein manieriertes Erschauern und Zucken, das Zuneigung wie auch Spott ausdrückte – nur die allerleiseste Bewegung, doch die Neckerei war unverkennbar.

Parker sagte: »Das mache ich später.«

Das brachte den Mann zum Lachen, aber ein bißchen zu laut, und das regte Parker auf.

»Ich heiße George«, sagte der Mann.

Parker zögerte, während der Mann glotzte und eine Antwort verlangte.

»Ich bin Sharon«, sagte Parker und kam sich verwegen und aufrichtig vor.

Das Blau in Georges Augen ließ sie sehr schwach und diffus erscheinen. Er hatte nicht geblinzelt, aber sein Blick war weicher geworden, als Parker den Namen sagte.

»Das ist ein hübscher Name.«

Der Mann war jetzt dicht neben Parker. Sein rauhbeiniges Äußeres war Verstellung – sein kurzes Haar ließ einen höckerigen Schädel und kleine Ohren erkennen. Seine Stimme war sanft. Seine Zähne waren weiß und ebenmäßig und ziemlich klein, und als er lächelte, konnte Parker sein Zahnfleisch sehen.

»Das ist ein sehr hübscher Name«, sagte er, weil Parker nichts weiter gesagt hatte.

»Darf ich Ihnen ein Glas spendieren?« fragte Parker, die Stimme in dem Getöse erhebend.

George sagte: »Du darfst alles, was du willst, Schätzchen.«

Seine Stimme war dünn und kaum vernehmbar, sie hatte die Tonhöhe eines Jungen, und wenn er sie gegen den Tumult in der Bar zu erheben versuchte, wurde sie nicht lauter, sondern nur schriller.

Parker winkte zu dem Barkeeper hinüber, konnte ihn aber nicht auf sich aufmerksam machen, und er war zu gehemmt, um laut zu rufen – seine eigene Stimme zu hören oder sie andere hören zu lassen. Mehr als die Hälfte der Männer waren schwarz – sie würden über seine Stimme lachen, wenn er »*Entschuldigung!*« rief, oder sie würden etwas sagen.

»Ich kann warten«, sagte George und sah zum Bildschirm hoch. Dort war jetzt einer von den Präsidentschaftskandidaten zu sehen, der mit dem Finger drohte. »Was ist fünfunddreißig Zentimeter lang und baumelt dem da zwischen den Beinen?« sagte George und machte kaum eine Pause, während er sich Biertropfen vom Schnurrbart leckte und hinzusetzte: »Sein Schlips.«

Die Eile, in der der Mann den Witz erzählte, machte Parker unruhig: Die gleiche ängstliche Spannung hatte er gespürt, als der elegante junge Mann in sein Hotelzimmer gekommen war, den gleichen Anflug von Gefahr.

»Skokie ist kilometerweit weg«, sagte George in dem gleichen hänselnden, schmeichelnden Ton, in dem er sein Erstaunen ausdrückte. »Was machst du denn da hier?«

»Bin auf Schwulitäten aus«, sagte Parker, den die Hitze und der Lärm im Raum verwegen machten. Ihn faszinierte, wie heiter seine Worte das Gesicht des Mannes werden ließen, während die Lippen hinter dem Schnurrbart aufgeregt mümmelten.

»Da bist du hier richtig, Sharon.«

»Zwei Bier«, sagte Parker, weil der Barkeeper zurückgekommen war.

»Sie braucht ihre Zeit«, sagte George, als der glatzköpfige, dickbäuchige Barkeeper die Gläser füllte. »Macht nichts. Wir haben noch die ganze Nacht vor uns.«

Parker griff in seine Jacke, zog den Reißverschluß der Tasche auf und nahm die Brieftasche heraus. Sie hatte ein merkwürdiges Format, aber Parker grübelte nicht darüber nach – daß sich die Brieftasche so komisch anfühlte, bewies, wie betrunken er war. Sie kam ihm klein vor in seinen dicken, gefühllosen Fingern. George beobachtete ihn genau und lächelte, weil Parker Mühe mit der Brieftasche zu haben schien. Als Parker sie aufklappte, um an sein Geld zu kommen, legte er eine klobige silberne Plakette frei, die an dem Leder befestigt war, und die erhabenen Buchstaben darauf lauteten sehr deutlich: »*Chicago Police Department*«.

»Was zum Teufel versuchst du hier zu drehen?« sagte George, dessen Stimme in seiner Wut noch schriller und weiblicher klang. »Du bist ein Bulle.«

»Nein, bin ich nicht«, sagte Parker und klopfte auf die Jackentaschen – es war aber nichts drin. Flehend streckte er die Hand nach dem Mann aus, der immer noch vor ihm zurückwich. Wut und Angst verbogen ihm den Schnurrbart.

»Mich kriegst du nicht, du Schlampe.«

Parker sagte: »Ich bin kein Bulle.«

»Dafür sollten sie dir Aids anhängen«, sagte der Mann, noch immer auf dem Rückzug, ehe die Musik und die Menge ihn in sich aufnahmen. »Dafür solltest du sterben.«

»Stecken Sie Ihr Geld weg«, sagte der Barkeeper. »Das geht aufs Haus, Officer.«

Parker grabbelte eine Karte aus der Brieftasche. Es war ein Dienstausweis mit Daumenabdruck und Paßfoto drauf. Er lautete auf »Ewa Marie Womack« und gab als ihre Adresse »Chicago Police Department, South State Street« an. Es waren ein Zwanzigdollarschein und ein paar einzelne Dollarnoten drin, eine Buskarte und eine Plakette des heiligen Christophorus.

Im Zug nach Evanston starrte ihn ein untersetzter Mann von der anderen Seite des Ganges unentwegt an. Nicht daß der Mann ihn anstarrte, störte Parker, vielmehr sein Lächeln, das er jedesmal aufsetzte, wenn Parker aufblickte. Er stellte sich vor, daß dieser Mann alles wußte: nicht nur von dem Mord, sondern auch über Ewa, daß sie Polizistin war und daß Parker gerade in einer Bar ein riesiges Durcheinander angerichtet hatte; daß ihn dieser George hatte abblitzen lassen, daß er weggelaufen war – daß er ihn gesehen hatte und wußte, er war ein Mörder.

Es war ein großer, ordentlicher Mann mit einer dicken Aktentasche, dessen Schlips noch gebunden und dessen Manschetten noch zugeknöpft waren. Er stand auf und wankte, als der Zug an der Dempster Street das Tempo verlangsamte. Es war etwas Unheimliches an seiner Ordentlichkeit, und sein Torkeln ließ ihn feindselig erscheinen, als er auf Parker zukam.

»Sie haben aber lange gearbeitet«, sagte der Mann.

Das Wort *gearbeitet* klang sarkastisch, und Parker wußte nicht, was er sagen sollte.

»Ich habe überhaupt nicht gearbeitet«, sagte Parker, und in dem Moment wäre er nicht imstande gewesen zu sagen, worin seine Arbeit bestand und wo er arbeitete. Er hatte keine Arbeit: Er hatte überhaupt keine Ausrede.

»Was macht die Schule?«

»Welche Schule? Es gibt keine Schule«, sagte Parker und fühlte sich elend und verhöhnt von diesem Mann – war der Kerl wahnsinnig? Ein Polizist, der hämische Reden führte?

»Ich kenne Sie nicht.«

Der Mann verschaffte sich mit weit auseinander gestellten Füßen Halt und zeigte mit einem Finger auf ihn. War er betrunken? Er sagte: »Doch, Sie kennen mich! Harry Baskies – Müllbeseitigung. Und Sie sind der Rektor.«

Das ergab überhaupt keinen Sinn. Es war eine Falle, unbedingt. Parker drehte sich um und sah, daß nur noch drei Leute im Waggon waren, halb eingeschlummert im Spätzug.

»Sie haben an Ihren Rohrleitungen Arbeiten machen lassen«, sagte der Mann.

Das war eine plumpe Anzüglichkeit, das erkannte Parker am anklagenden Lächeln des Mannes.

»Sie sind an den Falschen geraten«, sagte Parker, aber als er aufstand, um den Waggon zu wechseln, und sich an dem untersetzten Mann vorbeidrängte, versuchte der ihn nicht aufzuhalten. Er guckte nur erstaunt und traurig.

Völlig aus der Fassung gebracht, sah Parker aus dem nächsten Waggon zurück. Der Mann war ihm nicht gefolgt, und erst, als er sicher war, daß er ihm vom Bahnhof aus nicht nachgegangen war – als Parker nach Hause ging –, fiel ihm wieder ein, wer der Mann war. Es war lange her: Wie ihm dieser Mann zugehört hatte, während er vorgab, jemand anderer zu sein, ein High-School-Rektor. Es war eine Erinnerung an seinen krankhaften Drang, Fremde zu täuschen und zu beherrschen, koste es, was es wolle, und es war ein Fingerzeig darauf, wie gefährlich und unzuverlässig er war – ein Killer. Der Wolfsmensch.

Er war unsicher und bewegte sich wie ein Eindringling, war sich seiner plumpen Füße und Hände bewußt, als er sein eigenes Haus betrat. Er fühlte, daß er unbeholfen war, daß er jemand war, den man fürchten mußte, schlimmer als ein Einbrecher, gefährlicher. Es war kein überspanntes Gefühl, es war die Wahrheit. Er wußte, er gehörte nicht in dieses friedliche Haus.

Die Lampen brannten: Barbara ließ sie immer an im Glauben, daß helles Licht Eindringlinge abschreckte. Es war nach Mitternacht, sie war im Bett, und Parker ging unsicher auf die Treppe zu. Es war geradeso, als sei er eingebrochen. Er hatte hier nichts zu suchen. Die Lichter fanden ihn und erfüllten ihn mit Scham, und er wandte sich von den Spiegeln ab und wünschte sich, im Dunkeln zu sein.

Er legte die Trainingsjacke weg und überlegte es sich dann anders. Er nahm sie, knüllte sie zu einem Bündel zusammen und steckte sie sich unter den Arm.

Alles war so kühl und sauber. Er kam aus Ewas stickiger Wohnung, aus der Bar, aus dem Durcheinander mit dem konfusen Mann in dem staubigen Zug, der durch die Dunkelheit gedonnert und gerattert war. Er schwitzte, er war schmutzig, und er bildete sich ein zu riechen: Jeder in der Nähe würde wissen, daß er eines brutalen Verbrechens schuldig war, das noch immer an ihm stank.

Er öffnete die Schlafzimmertür und blieb eine Weile gleich in der Tür stehen, bis Barbara seufzte und sich im Bett umdrehte.

»Tut mir leid, daß ich so spät komme«, sagte er. »Ich hatte ein Problem.«

Ein kurzer Laut kam aus der Dunkelheit, ein Stöhnen, ein Seufzen – etwas von Barbara.

»Schläfst du, Liebling?«

»Habe ich, bis du reinkamst.«

»Tut mir leid.«

»Ich hab's gehört.« Sie drehte sich wieder um und zerrte am Bettuch. »Du hattest ein Problem.«

Parker konnte nicht sprechen. Er hatte Tränen in den Augen, und sein Kinn gehorchte ihm nicht, es zitterte. Er wußte, er würde zu heulen anfangen, wenn er etwas zu sagen versuchte.

»Ich würde lieber nichts darüber hören«, sagte Barbara, und ihre Stimme fiel ab, während sie ins Bett einzusinken schien und wieder in Schlaf fiel.

Wie konnte er bei ihr schlafen? Er hatte kein Recht dazu: Er war ein Fremder in diesem Haus. Er zog sich zurück und ging zum Kinderzimmer, wo es dunkel war, bis auf das winzige Nachtlicht, eine kleine Birne in einer Plastiklampe mit einer Mickymaus auf dem Schirm. Der Anblick der Figur brachte ihn auf. Das war das Heiligenbild der neuen Zeit, diese Witzfigur. Sie war nicht böse, nur sehr dumm, und etwas so Dummes war gefährlich. Mickymaus war Gott – das alberne, lächelnde Wesen tröstete Menschen, weil es nicht menschlich und kein Tier war und niemanden bedrohte. Es war ein Spielzeug, das auf kein bestimmtes Alter, Gebiet oder Land beschränkt war. Mickymaus war ein universales Symbol der Bejahung, und ungeheuer viele Menschen verehrten es – dieses Beispiel eines farbenfrohen Schädlings. Das Schlimmste war, daß sich die Leute von der Wirklichkeit abkehrten, um es anzubeten. Sie taten so, als nähmen sie es nicht ernst, aber sie blieben ihm treu.

Hier im Kinderzimmer sah die Figur so teuflisch wie unschuldig aus, und Parker erinnerte sich, daß er sie im Babyladen in Evanston gekauft hatte. Der kleine Eddie lag in seinem Bettchen, ein kleines, knubbeliges Bündel wie eine Kartoffel; sein glatter, weißer Kopf war zu sehen. Er lag völlig still, und ein leichter Schatten verdeckte sein Gesicht. Im Zimmer roch es nach seinem milchigen Atem und Talkumpuder. Das Baby war zerbrechlich, weich, rein, und in diesem Bewußtsein kam Parker sich todbringend und dreckig vor – ihn würgte ein derartiger Selbstekel, daß er schnell von dem Bettchen zurückfuhr. Obwohl er gerade erst in das Zimmer gekommen war, hatte er das Gefühl, das Kind bereits in Gefahr zu bringen, seine Unschuld zu zerstören.

Er schlich zur Tür, und von dem Gedanken, wer er war und was er getan hatte, wurde ihm übel. Er war verunstaltet, sein scharfer Atem war abstoßend, und er empfand Ekel vor dem klammen Schweiß vom Loop, der ihm noch immer anhing und von dem er sich vorstellte, er stinke wie Gift.

Das Kinderzimmer zu verlassen, half nicht. Er hielt kaum auf der Treppe inne. Er ging zur Eingangstür und verließ das Haus, ohne sich umzusehen.

Kapitel 12 Er trat ins Dunkle: Er fühlte sich verwegen und ohne Hoffnung – er zog eine Art Mut aus seiner ziellosen Reue. Niemand war schlechter als er, er hatte also nichts zu fürchten.

Nachdem er die Tür zu seinem Haus zugemacht hatte und weggegangen war, den Gartenweg hinunter, an der Hecke vorbei, war er allein mit seiner Zerknirschung. Aber statt darunter zu leiden, wie er es seiner Ansicht nach verdiente, fühlte er, wie er wegrutschte, darunter zusammenbrach. Er spürte, wie er Risse bekam und zerfiel.

Reue und Hoffnungslosigkeit zerbrachen ihn in zwei Teile. Er konnte sich nicht mehr daran erinnern, wer er gewesen war. Das war ein Trost, aber der störte ihn, als er darüber nachdachte, denn so war es, als sei er aus dem Nichts auf die Welt gekommen, habe sie beklagenswert vorgefunden und noch beklagenswerter gemacht. Er sah sich um und erkannte, daß er Elend erzeugt hatte auf der Welt. Einst hatte er zwei ganze Leben geführt, und jetzt waren es nur noch Trümmer, gierig und zerstörerisch, die sich in seinem Innern gegenseitig auffraßen. Er war froh, daß es noch immer dunkel war.

Schluchzend taumelte er eine Weile herum, bis er

den Zug fand, der ihn nach Chicago zurückbrachte. Im Waggon roch es nach Zigarettenrauch, und zu dieser Stunde saß nur noch ein Fahrgast darin, ein Schwarzer mit einer Baseballmütze auf dem Kopf und einer Umhängetasche. Ehe sie zum Loop kamen, wechselte Parker den Platz, setzte sich dem Mann gegenüber auf die andere Gangseite und wandte ihm das Gesicht zu, starrte ihn an und beschwor ihn mit Blicken, ihm Schaden zuzufügen. Aber der Mann schnaufte und murmelte etwas, ging im Waggon nach vorn und ließ Parker in dem Gefühl zurück, verrückt und nutzlos zu sein. Er spürte, daß er Gewalt auf sich ziehen konnte, aber dieser Mann war anständig und außerstande, ihm etwas anzutun. Er ging zur Union Station. Sie war offen, sie war erleuchtet.

Er setzte sich kerzengerade auf eine Holzbank, die wie eine Kirchenbank aussah, und verspürte, so kam es ihm vor, eine Art irrer Munterkeit: Er starrte hellwach, ohne irgendeinen Grund die Plakate in der Schalterhalle an. Eins nach dem anderen überprüfte er sie mit kritischem Auge, voller Abscheu für die falsche Fröhlichkeit, die sie zeigten – das glückliche Paar in Badeanzügen, von hoher, schaumiger Brandung benetzt, das für Zigaretten warb. Guck genau hin, und du siehst, daß beide eine Zigarette haben, der Mann im Mund, die Frau in der Hand. Eine andere Reklame zeigte, daß Forscher in fernen Dschungeln Camel rauchten, und wieder andere bewiesen, daß ausgelassene Kinder Coke tranken, Wodkatrinker betrunken wurden, kluge Leute *Time* lasen, Frauen mit geschlitzten Röcken und schönen langen Beinen Polly-Strumpfhosen trugen und wahnsinnig energisch aussahen und so schlank und gesund wie die Frau mit den vollen Lippen, die sich eine Virginia Slim ansteckte. Es war nicht so sehr die grobe Fälschung, vielmehr ihr luxuriöser Überschwang – und ihre alberne Naivität –, die ihn aus dem Bahnhof trieb, als es noch Nacht war.

Doch selbst die finstersten Straßen machten ihm keine Angst. Durch Schatten, unter Baugerüsten hindurch, enge Gassen hinunter, an blinden Toreinfahrten vorbei schloß er zu Fremden auf, als wollte er sie provozieren, ihn niederzuschlagen und auszurauben. Er würde sich nicht wehren. Es erregte ihn zu wissen, daß er nur ein paar Dollar und Ewas Polizeimarke bei sich hatte. Seine Gleichgültigkeit verlieh ihm unerwartete Stärke, er hatte keine Angst, und er war nicht müde, und dennoch dauerte dieser Tag nun schon Tage. Niemand machte sich an ihn heran. Er wußte, er war nichts und zum Untergang verdammt. Er konnte sich nicht selber strafen. Er empfand nur eine grauenhafte Exaltiertheit, und als er am Rand des Loop unter der Hochbahn einen Schwarm dreckiger Tauben sah, bedrohte er sie. Sie flogen auf, Klumpen weißer Scheiße verspritzend und mit ihren steifen Flügeln schlagend, und als sie, noch immer scheißend, ihm um den Kopf flatterten, erschien ihm das als perfektes Abbild dessen, wie er sich fühlte.

Kurz nach Sonnenaufgang kehrte er zur Union Station zurück, um den Anruf zu machen, den er die ganze Nacht vor sich hingesagt hatte.

»Wir müssen reden«, sagte er. »Ich bin gleich da.«

Ewa hatte gleich unten in der Haustür neben den zwölf Klingeln auf ihn gewartet. Als sie ihn sah, trat sie heraus und kam ihm die Treppe hinunter entgegen. Sie blieb nicht stehen, sondern ging an den Milchflaschen vorbei zur zerbrochenen letzten Stufe, zum Bürgersteig hinunter.

Ihre Armeesonnenbrille verbarg ihre Augen, und er wußte, sie hatte wahrscheinlich auch nicht geschlafen. Sie trug eine leichte Jacke, ein T-Shirt darunter, ein Paar derbe Bluejeans, die an den Knien blaßgescheuert waren, und ihre üblichen Laufschuhe. Es war, was sie immer trug. Warum hatte er nicht erraten, daß sie Polizistin war und das die Uniform von Kriminalbeamten?

Sie sagte nichts, sie lief einfach weiter.

Es war ein strahlender Chicagoer Morgen, ältere Backsteingebäude wirkten grau und niedrig unter der mächtigen Kuppel des blaßblauen Himmels, und die Luft war wie dünnes, erhitztes Gas. Vom Stevenson Expressway am Ende der Straße drang das Schwirren des Verkehrs herüber, aber auf der Cottage Grove waren so früh noch keine Wagen, niemand war auf, bis auf einen Mann, der einen kleinen, schnüffelnden Hund hinter sich herzog. Die Mülltonnen standen auf der Straße. Der Müll war bereits abgeholt worden, und nun standen sie leer da, in zufälligen Gruppierungen, die zerbrechlich wirkten. Hier und da war etwas Müll liegengeblieben, zerknülltes Papier, verschmierte Blechdosen, schwärzliche Abfälle. In dem Durcheinander regten sich Tauben, die nach Krümeln pickten und rattenhaft durch den Müll krochen. Sie waren wie die langsamen, kopflastigen Vögel, die Parker am Loop unter der Hochbahn hatte herumflattern und kacken sehen. Auch sie sahen dreckig aus, aber auch drollig und senil und ein bißchen verwirrt, als blickten sie ihrer Ausrottung entgegen.

»Können wir nicht nach oben gehen?« fragte Parker. Wie konnte er sie hier nach seiner Brieftasche fragen? Aber Ewa lief einfach weiter.

»Ich will dich nicht da drin haben«, sagte sie. Sie hatte sich nicht umgedreht, sie lief nach Norden, auf die Tauben zu, und die Straße hinunter sah man noch mehr Tauben und Mülltonnen. »Du kommst in meinem Leben nicht mehr vor.«

Parker holte sie ein und sagte bittend: »Du hättest mir sagen können, daß du bei der Polizei bist.«

Mit der Hand an seiner Jackentasche schien er darauf hinweisen zu wollen, wo ihre Brieftasche steckte, und sie langte hinüber und fischte sie mühelos heraus – schlug seine Hand zur Seite und zog sie hervor. Sie blickte auf die Marke, fuhr mit dem Daumen über die Lederklappen, stopfte sie in die Tasche ihrer Jacke und schnaubte verächtlich.

»Und du hättest mir auch ein paar Sachen erzählen können«, sagte Ewa. »Wie kommt es, daß sich die Leute, wenn sie sich das erste Mal treffen, immer als was Besseres aufzuspielen versuchen, als sie wirklich sind? Sie kennen sich nicht, und also lügen sie. Ich habe dich nicht beschissen, aber du hast nichts als gelogen.«

»Ich mußte – ich habe dich geliebt.«

»Du hast mich nicht mal gekannt. Du lügst schon wieder! Verstehst du, was ich meine?«

Es stimmte, und es bewies die Richtigkeit ihres Vorwurfs.

Er sagte: »Ich brauchte dich – als Freund.«

»Ich will keine Lügner als Freunde«, sagte sie. »Ich sollte dir deine verdammten Hände brechen.«

Sie drehte sich zur Seite und wandte sich ihm zu, brachte die Füße in Position und ging in Kampfstellung. Parker machte sich darauf gefaßt, geschlagen zu werden: Er hielt den Atem an und kniff die Augen zusammen. Aber in ihrer Verachtung lag Traurigkeit, und auch in der Art, wie sie nach einer Weile die Hände sinken ließ. Parker hatte das Gefühl, sie könnte ihn jede Sekunde anschreien oder in Tränen ausbrechen.

»Hau ab«, sagte sie. »Verschwinde. Ich brauche dich nicht.«

Es war nicht die Heftigkeit ihrer Stimme, sondern die simple Zurückweisung in ihren Worten, die ihn traf. Zusammen mit Ewa ergab die Welt einen Sinn, und ihre Gegenwart hatte ihm die Hoffnung geschenkt, daß er seine Zerknirschung möglicherweise ertragen konnte. Doch wenn er sie so verlor, wie sie die Straße entlangfloh, hieß das, daß er die Kraft und die Logik verlor, die in ihr waren und auf die er sich bereits verlassen hatte.

»Warum hast du mir nicht gesagt«, fragte er, »daß du bei der Polizei bist?«

»Ich frage mich, warum dich das so interessiert«, sagte Ewa. »Es ist ein mieser Job. Wenn man den Leuten was darüber erzählt, machen sie blöde Witze, stellen die falschen Fragen oder rennen weg. He, warum hast du mir nicht erzählt, daß du ein Arschloch bist?«

»Ich bin noch was Schlimmeres als das«, sagte er, aber sie lief schon wieder, mit großen Schritten. Er fühlte sich schläfrig und erschöpft. »Ewa...«

Sie verlangsamte ihre Schritte, aber nur, um kurz innezuhalten und zu sagen: »Ich finde es grauenhaft, dich meinen Namen aussprechen zu hören.« Sie wandte ihm ihr Gesicht zu. »Deshalb will ich dich nicht mehr sehen. Wenn ich dich um mich hätte, würde ich anfangen, mich zu hassen.«

»Du hast recht«, sagte er. »Ich weiß, dir geht's besser ohne mich.«

Sie schien erstaunt darüber, daß er ihr so schnell zustimmte, aber sie sammelte sich wieder und lief weiter, wütender noch, weil er sie erstaunt hatte.

»Was ist das hier?« sagte sie und warf im Gehen etwas auf den Boden. »Was ist das?«

Die trägen Tauben flogen nicht, sie hüpften und humpelten zur Seite, als Ewa kleine weiße Kärtchen verstreute, die sie aus Parkers Brieftasche zerrte. Sie ließ ihn sich bücken, um sie vom Bürgersteig aufzusammeln, während sie mit schnellen Schritten weiterging.

Seine Mitgliedskarte vom Evanstoner Jachtclub, sein Delta-Vielflieger-Ausweis, seine Kreditkarten, acht Stück, und Shell- und Esso-Tankkarten; mehrere seiner großspurigen Geschäftskarten, eine von Barbara und ein in Plastik eingesiegeltes Foto von ihr und ein Schnappschuß von Eddie mit seinem Geburtsdatum auf der Rückseite; sein Schlüssel vom Blackhawk Club und mehr...

»Was ist das hier? Was ist das da?«

Sie warf noch immer Dinge auf die Erde, und sie tat es fachmännisch, als schnippe sie Spielkarten in einen Hut. Es war etwas Aggressives in den Bewegungen ihrer Arme, und sie lief derart zielstrebig, daß Parker kaum mit ihr Schritt halten konnte.

»Und das, und das!«

Es war Geld, etwa dreihundert Dollar in Zwanzigern und Zehnern, die er in seinen Händen zusammenknüllte, als er sie aufsammelte. Und dann drehte sie sich um, weil er auf den Knien lag und zwischen den Tauben herumsuchte, die mit ihren stumpfen, verdreckten Schnäbeln nach seinem Geld pickten.

»Wer zum Teufel bist du eigentlich?«

Ihre Stimme war so hart, daß er am liebsten

geweint hätte. Es war eine echte Frage, und er hatte keine Antwort.

Die Tauben wackelten mit den Flügeln, streckten sie und machten sich zum Wegfliegen bereit, während Ewa die Reste aus Parkers Brieftasche neben einer leeren Mülltonne ausleerte. Dann warf sie die schlaffe Brieftasche auf den Boden.

»Du bist verheiratet, du hast ein Kind, du wohnst in Evanston, bist in ungefähr zwanzig Clubs, hast jede Menge Kredit, hast Geld, bist erfolgreich ...«

Aber Parker lag immer noch auf den Knien und kratzte Karten und Geld zusammen, während er leugnete, was sie sagte, und sie anflehte aufzuhören – um ihretwillen, damit er ihr sagen könne, daß er nichts sei, daß er sich zu Grunde gerichtet und aus diesem Leben herauskatapultiert habe: Daß er niemand sei. Und dennoch wußte er selbst in diesem Augenblick, daß er ihr nicht erzählen durfte, daß er ein Mörder war. Er wollte nicht ins Gefängnis gebracht, eingesperrt und dreimal am Tag beköstigt werden. Gefängnis war Aufschub – sonst nichts. Es war keine Strafe. Er wünschte sich etwas viel Schlimmeres als das.

»Ich habe dir vertraut«, sagte Ewa mit einer Stimme voller Schmerz über den Verrat an ihr. Aber sie klang nicht so sehr verzweifelt, sondern eher rachedurstig. Parker wußte, wenn sie wollte, konnte sie ihn niederstrecken – ihn erdrosseln, töten, ihm die Knochen brechen, ihm mit ihrer Handkante das Nasenbein ins Gehirn hämmern.

Er wollte ihr sagen, daß auch er betrogen worden war: Er hatte sie für eine verirrte Seele gehalten, die ihn nötig brauchte, weil sie sich auf seine Kontaktanzeige gemeldet hatte, und dabei war sie eine Polizistin. Aber das erschien ihm jetzt nicht wichtig, viel schlimmer war, daß sie ihn verstieß, wobei er nie gedacht hätte, daß es so weh tat. Er fühlte sich erniedrigt und verzweifelt in einer Welt, die riesig und unwirtlich geworden war.

»Ich hätte Lust, dich einzubuchten«, sagte Ewa. »Es würde mir Spaß machen, dir Handschellen anzulegen, dich ins Revier zu verfrachten und dranzukriegen. Es würde mir Spaß machen, dich ohne deine Schuhe in der Arrestzelle zu sehen, und ein Rudel Junkies fällt über dich her. Ich sähe es gerne, wenn du vor Gericht kämst und plattgewalzt würdest.«

Das alles erschien Parker so zivilisiert. Er begann, über die Absurdität des Ganzen zu lächeln. Ein Anzeichen dafür, wie wenig sie wußte, war, wie wenig sie ihm als Bestrafung in Aussicht stellte – sie war nur wütend und verletzt. Sie war nicht außer sich, obwohl sie das hätte sein sollen. Es war seine Schuld, daß sie es nicht war. Aber er konnte von ihr nichts anderes erwarten. Vor einiger Zeit noch hatte er sich nicht entscheiden können, ob sie Freundin, Geliebte oder eins seiner Opfer sein sollte, aber jetzt wußte er es, und es ängstigte und entsetzte ihn. Er erhob sich wankend, humpelte zur Seite wie eine Taube, und dann rannte er stolpernd los.

»Renn nur zu, du Arschloch«, sagte Ewa mit einem tödlichen Zischeln, als er an ihr vorbeikam.

Die Tauben flogen unter seinen Füßen auf, sie flatterten, schlugen laut mit ihren Flügeln und nahmen sein letztes Stückchen Hoffnung mit.

Dann hatte er niemanden mehr – niemanden, der ihm diente, niemanden, der ihm half, niemanden, der ihn angemessen bestrafte. Niemand wollte ihn. Er war gefährlich, und er war allein verantwortlich. Es gab niemanden, den man hätte verantwortlich machen oder in die Geschichte mit hineinziehen können.

An diesem Morgen schlief er im Grant Park. Er wachte mit Schmerzen auf, und doch überrascht und traurig darüber, daß er noch am Leben war. Aber es war nur eine matte Lebenskraft, die in ihm rumorte, ein zermürbendes Chaos in seinem Innern, nicht Leben, sondern Panik. In seiner Vorstellung gab es nur einen Ort für ihn.

Kapitel 13 Die Hitzewelle ließ nach, und an den folgenden Tagen stapelten sich Gewitterwolken am Himmel, Wolken wie schwarze Gebirge, die alles um Chicago herum – die flachen, hellen Ebenen – ausnahmsweise einmal dramatisch erscheinen ließen. Parker stand am Fenster des Zimmers, das er gemietet hatte, und sah zu, wie der silbern-gläserne Regen auf die Straße prasselte.

Er hatte gedacht, ängstlich eine Notwendigkeit erfüllt zu haben, als er in ein möbliertes Zimmer in der South Blue Island Avenue zog. Aber es war, als sei er in einen reißenden Fluß gesprungen und werde von dessen Strömung mitgerissen. Er war jetzt als Frau gekleidet – das war der Grund, weshalb es ihn abwärts trieb.

Sein Zimmer ging auf einen Discount-Schnapsladen hinaus, und dahinter, weiter den Block entlang, gab es ein Kleidergeschäft, einen Matratzen-Billiganbieter und einen Lebensmittelhändler, allesamt mit schwarzen Stahlgittern vor den Schaufenstern. Die Schutzgitter ließen sie nicht wie Geschäfte, sondern bedrohlich wie belagerte Nachschubdepots erscheinen. Dieses Viertel, als »The Island« bekannt, war fürchterlich in seinem Chaos, mit den Graffiti und den herumlungernden Männern; und es war laut mit all den unsichtbaren, gegeneinander wetteifernden Radios. Doch Parker war kein Haar gekrümmt worden, und er wurde so beiläufig bedroht – die Leute murmelten und tuschelten, sie fluchten, aber schrien nicht –, daß er keine Angst mehr hatte. »The Island« war nur furchterregend für die, die nicht hier wohnten.

Er war flußabwärts geschwemmt worden. Er schlief allein und wünschte sich sein altes Leben fort, dieses ganze Fiasko. Er hatte Leidenschaft und sexuelles Verlangen gekannt, und zwischen diesen Zuckungen hatte er flüchtig ein paarmal die Liebe gesehen. Aber Liebe war nicht genug gewesen: Er war zu kaputt, um sie lange festzuhalten. Nun blickte er zurück und begriff, wie grausam und labil er gewesen war, wie er Frauen mit seinen Kontaktanzeigen und Schwindelbriefen gequält, wie er seine Gefühle zu Grunde gerichtet hatte. Er besaß nichts als Ruinen – nichts, um darauf zu bauen. Also reiß die Ruinen ein. Es gab nichts, was er hätte in Freundschaft verwandeln können. Laß alles ins Dunkel stürzen.

Er bevorzugte die Dunkelheit. Er mied das Tageslicht. Er ging nur nachts aus, ließ sich treiben, noch so ein dem Wasser zugehörendes Wort, das zu dem sich verengenden Fluß paßte, in den er getaucht war. Zuerst prüfte er sich in den Kleidern, die er gekauft hatte, lernte, mit hohen Absätzen zu laufen, ging in Bars und mischte sich unter die Leute – doch nachts waren es fast immer nur Männer. Vertrautheit lag in nichts von alledem: Er war ein Greuel, eine halbe Leiche, mit hohlen, schwarz umrandeten Augen, einsam unter Frauen und einsamer noch unter Männern.

Fremde Männer sprachen ihn ständig an. Passierte das allen Frauen nachts? Männer wurden nie von Männern angesprochen, aber als die einsame fremde Frau, die er in diesen Nächten war, wurde er ständig gegrüßt, angemacht und obszönen Bemerkungen ausgesetzt. Betrunkene waren die schlimmsten, die taktlosesten, die ausdauerndsten. Die meisten Männer hier unten waren schwarz. Reizte sie seine helle Perücke? Aber er mußte blond wie Sharon sein. Es konnte auch seine wackelige Haltung sein: Die hohen Absätze zwangen ihn, aufrecht zu stehen, mit vorgestrecktem Kinn und geraden Schultern, und schwankend fühlte er sich ungeschützt. Auch durch seine Kleider fühlte er sich verwundbar. Er fühlte sich dick und nackt, so leicht, wie sie waren, und er konnte sich nicht dazu überwinden, den Männern zu antworten. Er sagte nichts. Er schlug die Augen nieder und fügte sich.

Das waren Blickkontakte, als er noch mit den Kleidern experimentierte – ein beiläufiger Kommentar in einer Bar, ein wütendes Knurren eines auf der Straße vorbeigehenden Mannes, die Pfiffe von Jungs, die auf Eingangstreppen saßen oder an Spielplatzzäunen herumhingen. Er verabscheute diese Äußerungen – sie waren eigentlich alle gleich, vulgäre Wiederholungen –, aber dadurch, daß er sich so kleidete, fremdartig und verwundbar wirkte wie eine Puppe, provozierte er sie. Es war die einzige Möglichkeit für ihn, seinem Leben in dieser Welt einen Sinn zu geben. Er stellte fest, daß er so weniger traurig war. Das verkleinerte seine Reue nicht, aber es klärte sie und hielt dieses quälende Gefühl in Zaum.

Und er nahm die Obszönitäten der Männer nicht persönlich. Die meisten sprachen mit Frauen, als wären sie Transvestiten: Männer, die zu schwach und mitleiderregend waren, um Männerkleider zu tragen.

Er hatte seinen Körper enthaart, und auch das ließ ihn sich körperlich schwach fühlen. Er benutzte dickes Make-up. Er parfümierte sich mit billigem Zeug. Er sah komisch aus, das wußte er, roch wie ein Desinfektionsmittel. Aber nur so konnte er sich ertragen. Es war eine Notwendigkeit und eine Strafe, aber es war auch eine Verkleidung, und das war eine große Erleichterung.

Er hatte ein Geheimnis, das niemand wissen durfte: Er war ein Mörder: Mit seinen Zähnen und seinen Händen hatte er die arme Sharon in ihrem deprimierenden Zimmer getötet. Er hatte ihr das bißchen Leben, das sie hatte, genommen. Er war schlimmer als der Wolfsmensch, wie ihn die Zeitungen genannt hatten. Er mußte allein sein, um sich seine eigene, einzigartige Strafe auszudenken. Er mußte ganz für sich und schweigsam sein. Schon durch die Preisgabe seines Verbrechens würde er Schaden anrichten.

Unerwartet begannen die Zeitungen von neuem, über den »Wolfsmenschen« zu schreiben – eine neue Jagd nach dem Mörder, nachdem eine junge Frau in ihrer Wohnung in der West Walton ermordet aufgefunden worden war. Sie war aus der nahen Single-Bar mitgenommen und wenig später erwürgt worden. An ihrem Körper fanden sich Bißmale. Es hatte Zeiten gegeben, da hätte Parker sich nach einer Zeitungsmeldung wie dieser gesehnt, denn sie wäre der Beweis gewesen, daß nicht er der Mörder war, hatte er dieses Verbrechen doch zweifellos nicht begangen. Aber jetzt wußte er es besser. Er hatte Sharons Grab gesehen, und den Mord in der West Walton hatte er möglicherweise inspiriert.

Die Single-Bar hieß »Sweethearts«. Der unschuldige Name war auf T-Shirts und Kaffeetassen gedruckt, die am Eingang zu kaufen waren. Parker wurde durch die albernen Souvenirs und den scherzhaften Ton in der Bar entmutigt – die Kinkerlitzchen, die an der Wand dicht an dicht neben dem Mannschaftswimpel von der Uni hingen. Er wünschte sich etwas Lasterhaftes, finsterer und gefährlicher als die- ses Lokal. Die Männer darin waren auf Besichtigungstour oder Touristen, fraglos nicht aus der Stadt, sie waren feingemacht, sie trugen Hüte. Die paar Chicagoer waren wahrscheinlich aus Neugier da, wegen des Mordes. Das war auch der Grund für Parker gewesen, aber er sagte sich, daß er im Gegensatz zu den anderen kein Zuschauer war. Er war kein Mann.

Der Sommerregen war ihm eine Hilfe: Er trug einen Regenmantel über seinem schwarzen Kleid und kam sich dadurch weniger auffällig und unförmig vor. Er entschloß sich, allein in einer Ecke Platz zu nehmen, und behielt den Regenmantel an. Die schlechte Beleuchtung und die Dunkelheit machten ihn froh. Die Musik war sehr laut, aber diese Ablenkung war ebenfalls ein Vorteil. Er hatte darauf gehofft, um die Art helle, stille Bar herumzukommen, in der man ihn sofort als Freak erkannt hätte.

Der Betrug, den er beging, in diesem Lokal, als Frau verkleidet, kam ihm geradezu kriminell vor, und als sich eine Stimme aus dem allgemeinen Gemurmel erhob und sagte: »... *wie der kesse Vater da drüben*«, glaubte er, daß er gemeint war.

Eine Kellnerin mit einem »Sweetheart«-T-Shirt stellte ein Tablett auf Parkers Tisch und setzte ihm ein Glas Bier vor.

»Ein Typ an der Bar hat Ihnen das spendiert«, sagte die Kellnerin. Das Herzmotiv auf dem T-Shirt umrahmte eine ihrer Brüste. Parker wurde von der Einfachheit ihres Körpers und ihrem zutraulichen Gesicht eingeschüchtert. Sie war jung, und dadurch kam er sich zunächst wie ein Clown vor, und dann erkannte er, daß es seine Zerknirschung war, die ihn sich so vollkommen anders als sie fühlen ließ. Er kam sich linkisch und viel zu rausgeputzt vor. Er war verkleidet, ja, aber seine Verkleidung bewirkte genau das Gegenteil, weil sie ihn so auffallen ließ.

Wer hatte ihm das Bier spendiert? Niemand, den er sehen konnte – und dennoch rührte ihn die Geste, die Freundlichkeit von jemandem, der ihn sah. Oder war es mehr als das? Jemand, der ihn erkannte?

»Hi. Darf ich mich zu dir setzen?«

Parker blickte hoch, sah den Mann unsicher zögern und erschrak über dessen Körperfülle. Der Mann war massig, und eine Brille klemmte ihm schief auf seiner rosa Nase. Er hatte einen kurzen, dicken Hals, hatte die fünfzig wahrscheinlich überschritten und war nicht einfach kahl wie eine Billardkugel, sondern hatte unregelmäßige kahle Stellen auf dem Schädel, wo ihm das Haar ausgegangen war – es sah wie wegradiert aus. Die Haare, die er noch hatte, waren zu lang und hätten einen Schnitt nötig gehabt. Die behaarten Ohren wirkten zu klein für seinen Kopf.

»Bitte. Setz dich«, sagte Parker sanft.

Als er Parkers Stimme hörte, riß der Mann die Augen auf und sah ihm auf die Lippen. Die Brille verzerrte die Augen ein wenig, und das Jackett war auf den Schultern klatschnaß. Wahrscheinlich war er im Regen herumgelaufen und hatte sich Mut zu machen versucht, die Bar zu betreten.

»Das kommt von mir«, sagte er und machte eine Handbewegung zu dem Glas Bier hin, das vor Parker stand. Sein eigenes Glas hatte er auch mit dabei. Er schwenkte es in der Hand, klapperte mit den Eiswürfeln darin und trank geräuschvoll schlürfend. Die Nervosität ließ den Mann häßlich und begriffsstutzig erscheinen. Parker empfand Mitleid mit ihm. Wie bedrohlich der Mann doch wirkte, aber Parker wußte, daß sich der Mann dieser offenkundigen Bedrohlichkeit nicht bewußt und einfach ein Tölpel war.

Die Angst des Mannes ließ Parker ruhig werden. Mit derselben sanften Stimme sagte Parker: »Wie ist dein Name?«

Das schien den Mann aufzuscheuchen und zu warnen. Er wand sich und sagte: »Ist doch egal.«

»Du bist nicht aus Chicago, stimmt's?«

»Gary – naja, ziemlich nahe, Hobart.« Und während er das sagte, zuckte er, und die Qual blieb in seinem Blick, als bedauere er, die Wahrheit gesagt zu haben. »Was sollen die ganzen Fragen? Ich meine, wer will das denn wissen?«

Parker hob sein Glas und trank, und der Mann blickte weg, als versuche er zu entscheiden, was als nächstes zu tun sei.

»Ich bin noch nie hier drin gewesen«, sagte Parker, und damit der Mann das nicht als Kritik auffaßte, setzte er hinzu: »Aber es ist sehr nett hier, sehr erfrischend. Allerdings sehr jugendlich.«

Der Mann sagte: »Wie wär's mit noch 'nem Drink?«

»Nein, danke.«

»Dann laß uns gehen«, sagte der Mann und ging eilig nach draußen.

Auf dem Bürgersteig sagte Parker: »Bist du überrascht, daß ich so schnell eingewilligt habe?«

»Ich dachte, es geht bloß darum«, sagte der Mann. »Gehen wir. Mein Hotel ist ein paar Querstraßen weiter.«

»Da kann ich nicht hin«, sagte Parker: »Sie beobachten die Hotels, da ist Polizei, verstehst du.«

»Was sagst du?«

»Du könntest mit zu mir kommen?«

Der Mann sagte: »Darauf fall ich nicht rein«, und sah weg. Er wollte verschwinden, wußte aber nicht, wie er es anfangen sollte. Schließlich sagte er: »Entschuldige bitte. Ich suche mir rasch ein Klo. Ich bin gleich wieder da.«

Der Mann kam natürlich nicht wieder – Parker wußte das. Er schlenderte die Straße hinunter und ging dann weg. Es war nur ein Versuch gewesen, und es hatte geklappt, weil er an sich geglaubt hatte. Er war Sharon. Nicht er hatte versagt, sondern der Mann. Und trotzdem: Daß er so mühelos in diese Verkleidung, in dieses Leben schlüpfen und Sharon werden konnte, das bewies ihm, daß er gefährlich und verschlagen war.

Er spürte das – diese Tücke – auch am nächsten Tag, als er in seinem kleinen, heißen Zimmer lag, die Rouleaus heruntergezogen, schmale Ritzen Helligkeit dort, wo das Sonnenlicht durch den dünngewetzten Rollostoff drang. Er wartete darauf, daß es dunkel würde, damit er sich rühren konnte.

An dem Abend machte er sich erneut auf und wanderte die Blue Island Avenue im sicheren Gefühl hinunter, angesprochen zu werden. Ein paar Männer murmelten »Blondie«, als er vorbeiging, aber er wurde nicht bedroht.

Wachsam wurde er, als eine Frau auf ihn zutrat und zu reden begann. Sie war schwarz und trug ein Haarnetz, Jeans, Turnschuhe und das T-Shirt eines Radiosenders.

»Wissen Sie, wo hier in der Nähe ein Münzfernsprecher ist, Schätzchen?«

»Gleich dahinten«, sagte Parker, weil er sich erinnerte, an einer Zelle vorbeigekommen zu sein, mit jungen Leuten drin und drumherum. »Aber seien Sie vorsichtig.«

»Machen Sie sich um mich keine Sorgen«, sagte die Frau und berührte ihn am Arm.

Die vertrauliche Art, wie sie ihn anfaßte, rührte Parker ungeheuer: Es war der erste menschliche Kontakt seit Wochen, und er ließ ihn in seinem Entschluß zögern. Er überlegte, ob er der Frau nachgehen sollte, er wünschte sie sich zur Freundin – oder jemand wie sie. Doch nein, er verdiente sie nicht. Hätte sie gewußt, wer er war – ein Mann, ein Mörder, der sich als sein Opfer verkleidet –, wäre sie nie in seine Nähe gekommen.

Nicht weit von der Universität stürmte eine Gruppe Männer – vier oder fünf, es war dunkel, und er drehte sich nicht um – aus einer Seitenstraße und folgte ihm. Als Parker schneller lief, taten sie es auch, schlossen näher zu ihm auf und sprachen ihn an.

»He, nicht so schnell, renn doch nicht weg.«

»Laß sie in Ruhe, Angie. Die iss nix.«

»Hier, willst du was hiervon? He, Kleine, so was schon mal gesehen?«

»Komm mit – wir möchten dir dein Loch aufreißen. Daran hättest du Spaß, was?«

Geradeso, als wüßten sie, daß er ein Mann war, und wollten ihn wegen seiner Kleider verhöhnen.

»Komm mal her, ich will dir was zeigen.«

Er wollte weg. Aber er kannte Männer. Sie meinten das alles nicht – es war Geprahle, nichts weiter. Sie würden ihn ein bißchen demütigen, sich aufspielen und ihn dann in Ruhe lassen. Als diese schikanierende, großspurige Gruppe waren sie praktisch harmlos. Nur einzeln, da wären sie so brutal, wie sie wollten.

»Sie lächelt – es gefällt ihr.«

Das machten sie noch eine Weile, und als Parker nicht antwortete – weiterlief, nichts sagte – blieben sie einer nach dem anderen zurück und lachten, und er sah sich um. Nach anderthalb Blocks löste sich einer der Männer von der Gruppe und kam ihm nach. Der Mann tat so, als sei er ganz ruhig und nehme sich Zeit, aber er bewegte sich schnell auf Parker zu, entschlossen, ihn einzuholen.

»Warte doch mal«, sagte der Mann.

Parker sah den Mann an. Ohne die anderen war der hier ruhiger. Er war um die dreißig, trug ein kurzärmeliges Hemd, und in der Neonbeleuchtung vor dem Fenster einer nahegelegenen Bar erschien Parker das Gesicht des Mannes irisch, diese Art Kinn und Wangen.

»Möchtest du was trinken?«

Woran lag es, daß alle Männer Frauen, die sie haßten, aber begehrten, diese Frage stellten? Vielleicht war etwas an ihrem bitteren Verlangen, das sie an Durst denken ließ.

»Das wäre wunderbar«, sagte Parker.

Der Mann tat so, als sei er nicht überrascht, im Gegenteil, als sei er im Vorteil, weil Parker so prompt eingewilligt hatte.

Die Bar war düster und voller Männer, und Parker merkte, wie der Mann von ihm Abstand hielt, ihn nicht berührte. Er schämte sich wegen Parker, schämte sich vor sich. Irgend etwas in dieser Scham ließ Parker ahnen, daß der Mann gewalttätig war.

Er atmete Parker beim Sprechen ins Gesicht. »Du hast auf mich gewartet, stimmt's?«

Parker sagte nichts. Er war gehemmt wegen seiner tiefen Stimme. Doch hatte er größeres Selbstvertrauen in einer Bar wie dieser. Er war dankbar für den Rauch, den Lärm und die Dunkelheit, dankbar für die Gleichgültigkeit der schlechtgelaunten Trinker.

»Was möchtest du?« fragte der Mann.

»Was du möchtest«, sagte Parker.

»Das ist unmöglich.«

Was hatte er Falsches gesagt?

Der Mann starrte ihn an und zog die Lippen zurück, grinsend, zaudernd, vielleicht war er wahnsinnig. Er hatte fleischige Ohren, Sommersprossen, ein Kinn mit einer Kerbe, und seine Unterarme waren dunkelbraun. Er war Arbeiter, er arbeitete im Freien. Er senkte den Kopf und wandte sich beim Sprechen nicht direkt an Parker.

»Ich will dich auf deinen Knien. Ich will, daß du drum bettelst, ihn mir zu lutschen.«

»Ja«, sagte Parker.

Seine Bereitwilligkeit enttäuschte den Mann.

»Wenn du mich fickst«, sagte Parker.

Das war schon besser, die Ohren des Mannes registrierten Lust. Er flüsterte: »Ich möchte sehen, wie dir der kalte Schmadder von einem anderen Typen aus der Ritze tropft.«

Das Aussprechen dieses Satzes hatte ihn atemlos gemacht: Er war gierig und verlegen. Am liebsten hätte er noch mehr gesagt, bemerkte Parker, aber der Mann wußte nicht, wie er noch eine so belastende Äußerung zustande bringen sollte. Sein Keuchen war genug: Es lag Grausamkeit in der stinkenden Luft.

»Gehen wir zu mir«, sagte Parker. »Es ist nicht weit.«

Der Mann sagte nicht ja. Er kippte seinen Whisky und ging schnell nach draußen. Er wartete ein Stückchen von der Bar entfernt, als Parker herauskam. Es wurde nichts weiter gesprochen. Die merkwürdigen, plötzlichen, brutalen Dinge, die Männer zu fremden Frauen sagten – nur zu Frauen sagten. Es war alles brutal und abscheulich, aber es war viel berechenbarer, als Parker je angenommen hatte. Männer erweckten nicht einmal den Anschein, irgendwie anders sprechen zu wollen. Vielleicht war es nur Reden, vielleicht war es harmlos?

Der Mann behielt Abstand und folgte ihm mehr wie ein Hund als ein Mensch, und Parker wußte, er war erleichtert darüber, daß es im Zimmer nur das matte, streifige Licht von der Straße gab, keine brennenden Lampen. Der Mann stolperte zum Schrank, öffnete Türen, begrapschte die Vorhänge, stellte sicher, daß sie allein waren. Parker hörte das rauhe kratzige Geräusch des ängstlich durch die Nase atmenden Mannes.

»Du bist eine Nutte«, sagte der Mann. »Was bist du, irgend 'n Nymphomane? Du gehst einfach mit jedem?«

Der Mann haßte sich und wußte es nicht. Also war er fast sicher gewalttätig.

»Ja«, sagte Parker. »Mit jedem.«

»Was tust du?«

»Alles, was Männer verlangen. Alles.«

Der Mann machte ein lauteres Geräusch in seiner Nase, aber mit demselben Kratzen, das zeigte, daß er beeindruckt war. Mit bebender Stimme sagte er: »Erzähl mir alles darüber. Fang an, erzähl's mir.«

Parker ging auf die Knie. Er sagte: »Sie fesseln mich. Manche schlagen mich.«

»Und dir gefällt es.«

Parker zögerte, dann sagte er: »Wenn es dir gefällt.«

Der Mann sagte: »Dir fehlt 'n Zacken. Du bist 'n verfluchter Irrer. Mach weiter, ich will mehr hören.«

»Tu alles, was du willst«, sagte Parker.

»Erzähl mir was mit Schmerzen.«

»Mir kommt's dabei. Mach mir welche – jetzt. Ich bin ein Schmerzfreak. Ich bin ein Hinterlader.«

In dem Moment, als er das sagte und sich einredete, daß es stimmte, sah er deutlich die geschundenen Genitalien auf dem Foto von Robert Mapplethorpe vor sich, und ihm fiel wieder ein, wie Jakes gesagt hatte: *»So ist das Leben – die Leute tun solche Dinge«*, und er erinnerte sich, es geleugnet zu haben. Jetzt dachte er: *Ich bin einer von diesen Leuten*, und er erkannte, daß das brutalste Foto ihn selbst dargestellt hatte.

»Das glaub ich alles nicht«, sagte der Mann, als spreche er mit jemand anderem im Zimmer.

Parker streckte die Hand nach ihm aus, aber als er berührt wurde, schlug der Mann um sich, als sei er gebissen worden: »Faß mich nicht an!« schrie er und trat sehr hart nach Parker, traf ihn erst am Oberkörper und dann im Gesicht. Parker schrie auf und fiel um, die Hände vors Gesicht gepreßt. So blieb er geduckt liegen und erwartete mehr. In seinen Ohren sauste es, und er wußte nicht, ob der Mann etwas sagte, aber nach einigen Augenblicken war die Stimme deutlich.

»Hab ich dir weh getan?« Der Mann schien besorgt und war plötzlich mehr wie ein Junge als ein Mann.

»Nein«, sagte Parker.

Er wünschte sich Schlimmeres. Schlimmeres als diesen impotenten, ängstlichen irischen Voyeur, und doch war er auch verängstigt. Er wünschte es sich plötzlich und grausam und endgültig. Diese sinnlose Demütigung und diese nutzlosen Schmerzen hatte er nicht erwartet – dieses ganze Gerede. Aber der Mann brauchte das Reden: Er war unfähig und konnte es nicht länger ertragen.

»Was machst du da?« fragte Parker. »Was willst du?«

Der Mann tastete an der Wand herum, wahrscheinlich suchte er nach einem Lichtschalter oder der Türklinke.

»Hier raus«, sagte der Mann. »Du bist ja krank.«

Als der Mann verschwunden war und seine Schritte auf der Treppe verhallten, begann Parker zu weinen. Nicht um das, was der Mann ihm angetan hatte, sondern um die Angst und die Panik des Mannes und das, was er dem Mann angetan hatte.

Kapitel 14 Die Chicagoer Hitze, die von den dreckigen Backsteinen der häßlichen Gebäude aufstieg, hatte etwas, was Männerstimmen eine merkwürdige, durchdringende Klarheit verlieh, selbst wenn sie mit Straßenlärm vermischt waren. Und immer sagten sie mit verschiedenen Worten genau das gleiche.

»He, komm mal her, Baby«, sagten sie. »Ich will dir was erzählen...«

Als würden sie diese traurige Frau mit dem feuchten, herabhängenden Haar kennen, die so zaghaft war in ihren neuen Schuhen.

»He, willst du mitfahren?« sagten sie. »Möchtest du 'n Drink? 'n bißchen was Gegrilltes?«

Es waren keine Fragen, es waren Forderungen.

»Was machst du denn hier unten?« sagte ein Mann. Er war schwarz, mit einem riesigen Mund, der aussah, als wäre er aus Eisen, und einem Unterkiefer, der hart wie ein Schraubschlüssel in seinen Gelenken hing. Er sah gierig und gefährlich aus. Seine Zähne bissen sich noch mal in denselben Worten fest und beharrten: »Was machst du denn hier unten?«

Es war die schwierigste Frage, die Parker gestellt worden war. Er verstummte und flüchtete vor dem Mann, weil die Antwort unerträglich war.

Die Stimmen der meisten Männer waren wie ihre Hände: grob, dick, lässig, plump vertraulich, aufdringlich. Man wünschte sich, daß sie aufhörten, weil sie nicht wußten, was sie taten oder sagten. Männer berührten ihn unablässig. Man mußte nur in die Nähe eines Mannes kommen, schon faßte er zu, griff nach den Kleidern oder gab einem einen Klaps. Manche packten ihn am Arm und sahen ihn sich von oben bis unten an, wenn er stillhielt, und möglicherweise erstaunten sie die Muskeln unter der Bluse.

Normalerweise standen sie zu dritt oder viert beisammen, und manchmal zischte einer ganz unabhängig von den anderen zu ihm rüber: »Komm her«, oder flüsterte: »Schnalle.«

Er wollte sie, aber allein schon die Art, wie sie flüsternd ihre Forderungen stellten, ihre widerliche Vertraulichkeit machte es ihm unmöglich. Wie konnten sie es tatsächlich so meinen, wenn sie ihn aus einer Gruppe heraus zu sich riefen? Was dann? Sie würden furchtbar verlegen sein, wenn er zurückginge und sagte: »Okay – was möchtest du?«

Männer waren gedemütigt, wenn man ihnen gab, wonach sie fragten. Statt dessen mußte man ihnen geben, worauf sie wirklich aus waren, nämlich dich zu erniedrigen: zu quatschen, zu kneifen, zu fluchen, zu spucken und die dreckigsten Worte auszusprechen. Aber nichts weiter. Es war ein kleines Demütigungsritual – so weit und nicht weiter zu gehen. Ab und zu sah er eine Frau auf die hohlen Anzüglichkeiten reagieren, dabei wußte sie nicht, wie schwer sie es den Männern damit machte. Parker wußte es: Er war ein Mann gewesen.

Er konnte nichts damit anfangen, daß Männer reden mußten, wenn sie nicht handeln konnten: daß ihnen Worte genügten, manchmal grobe, schockierende Worte. In diesen Tagen war er als Sharon plötzlich zum Loop gefahren, um zum Sears Tower und den Wolken hochzustarren, die an ihm vorbeirasten und ihm Bewegung verliehen, als sei er ein Wolkenkratzer auf der Durchreise. Eines Tages, auf dem Rapid Transit zwischen Halstead und Clinton, war ein Mann in einem dunkelblauen Nadelstreifenanzug mit Seidenkrawatte und blauem Button-down-Hemd, ein Mann um die fünfundvierzig, nicht mehr, gesundes Gesicht, sorgfältig gekämmtes helles Haar, braune Augen, kleine Narbe am Kinn, Aktentasche in der Hand, einer, der zu erfolgreich wirkte, speziell für die Gegend, kein Collegeprofessor, eher so etwas wie ein Börsenmakler, der einem im Finanzausschuß einen zuverlässigen Rat für Investitionen geben konnte – dieser Mann war rasch durch den Wagen gelaufen, hatte Parker gerade in die Augen geblickt, die Stirn gerunzelt und gesagt: »Lutsch meinen Schwanz.«

Die ganze Begegnung hatte vier Sekunden gedauert, nicht länger, aber sie hatte sich in Parkers Gedächtnis eingegraben.

Er brauchte diesen Mann, all diese Männer, und

dennoch reichte ihre Brutalität nicht aus. Sie wollten ihn demütigen, aber er sehnte sich danach, vernichtet zu werden.

Wenn sie »Komm her!« riefen, mußte man wissen, daß sie damit *Geh weg!* meinten. Parker kannte ihren Stolz, wußte, daß sie von ihrer eigenen Freude und Angst in Anspruch genommen waren. Und wegen seines hilflosen Verlangens nach ihnen, auf das sie mit Spott, aber mit sonst nichts reagierten, hielt Parker nach der Gesellschaft von Frauen Ausschau. Frauen bemitleideten ihn und betrachteten ihn als Freak, aber sie stellten keine Fragen.

Er verließ sein Zimmer. Der Sears Tower im Loop war der Endpunkt seiner Reisen, die äußerste Grenze seiner Welt, und inzwischen war er für ihn wie ein Denkmal. Eines Nachmittags kam er gerade von dort zurück, da hielt an der Kreuzung 15. Straße West und South Blue Island plötzlich ein Wagen, bremste so schnell ab, daß er ins Schleudern kam, den Bordstein hochfuhr und einen Zeitungsautomaten streifte.

Ein Mann mit Sonnenbrille sprang heraus, stolperte wütend zur Beifahrerseite hinüber und sagte: »Wenn's das ist, was du willst...«

Parker sah der chaotischen Szene einfach erstaunt zu.

Der neue Taurus stand schräg auf dem Bordstein, und der Mann zerrte eine Frau vom Vordersitz – sie trug einen hellblauen Pullover und eine hellcremefarbene Freizeithose, und sie hob die Hände, um ihr

Gesicht zu schützen. Der Mann war wütend, er stieß sie vom Wagen weg, schlug sie aber nicht.

»Dann bleib doch hier!« sagte er laut zu ihr.

Die Frau wich zurück und begann zu weinen, und der Mann machte eine Geste mit den Händen, die besagte, daß er sie nun endlich los war. Er setzte den Wagen zurück und fuhr schnell weg, nach Osten auf den Expressway zu.

Parker beobachtete die Frau und wartete, was sie tun würde. Zuerst dachte er, sie würde vielleicht noch etwas mehr weinen, aber nein, sie schien sich zu beruhigen, putzte sich die Nase und holte tief Luft. Und so, wie sie sich umsah, allein wie sie ihren Kopf bewegte, war sich Parker sicher, daß sie zum ersten Mal hier war: auf einer der, ihrer Ansicht nach, gefährlichsten Straßen von Chicago.

Ohne zu wissen, warum, hatte Parker die Vermutung, daß diese verlassene Frau für ihn die Hoffnung verkörperte. Diese Vermutung stärkte sein Selbstvertrauen, denn er wußte, er würde zu ihr gehen, sich mit ihr anfreunden und ihr helfen müssen, und dann würde er seine Antwort bekommen. Niemand sonst hatte gesehen, wie sie aus dem Wagen geworfen worden war. Vielleicht war es das: Als Zeuge hatte er das Gefühl, Verantwortung zu tragen, und dafür würde er belohnt werden.

Die Frau war etwa vierzig und brünett, Italienerin oder Griechin, obwohl man das nie wußte, sie konnte auch Peruanerin, Türkin oder Araberin sein. So wie sie gekleidet war, so salopp, hell und sauber, und mit ihren frisierten Haaren und dem billigen, klobigen Schmuck – Armband und Halskette zueinander passend, mit Steinen, die wie Fruchtbonbons aussahen – konnte man meinen, sie sei für eine lange Reise gekleidet.

Ehe Parker etwas sagen konnte, zog die Frau einen Flunsch und fragte nasal und von oben herab: »Habe ich etwa was von Ihnen an?«

Parker erschrak und sagte unwillkürlich nein, ehe ihm klar wurde, daß die Frau ihn beschimpfte. Dann fügte er hinzu: »Ich wollte nur sagen, daß ich gesehen habe, was passiert ist.«

»Wo bin ich hier?« fragte die Frau. »Wir waren gerade zum Dan-Ryan-Wald unterwegs.«

Die Stimme der Frau wurde noch schärfer, geradezu bösartig. Lag das daran, daß sie Angst hatte? Sie war hier kaum sicher, allein auf der South Side, gerade aus einem Taurus geworfen, der davongefahren war. Sie zeigte kein Interesse an den vorbeifahrenden Wagen, hatte sich nicht mal umgedreht, um zu sehen, wo der Taurus hingefahren war.

»Vielleicht kommt er zurück«, sagte Parker, der sich fragte, warum die Frau dem Mann nicht nachgesehen hatte.

»Ist mir völlig schnuppe«, sagte die Frau. Es war unmöglich, daß jemand diesen Satz mit völliger Überzeugung zu sagen vermochte, und doch gelang es dieser Frau beinahe. Sie trug einen ausgesprochen bleichen Lidschatten, schwärzlich-silbern, der ihren Lidern das Glitzern von Fischschuppen verlieh. »Und wenn, bin ich nicht mehr hier.«

»Wollen Sie einen Kaffee?« fragte Parker.

Die Frau blickte sich um und sagte: »Wir sind die einzigen Weißen hier.«

Parker wollte schon sagen: *Ist mir noch gar nicht aufgefallen,* was er auch so empfand, aber er wußte, die Frau würde ihm das nicht abkaufen.

»In diesen Schuhen werden sie sich die Füße kaputt machen«, sagte die Frau. »Sie sehen jemanden vor sich, der das bereits geschafft hat. Ja, einen Kaffee fände ich prima.«

Parker befühlte seine Perücke. In einem Moment wie diesem hatte er immer Angst, sie könnte verrutschen und ihn verraten. Das mangelnde Mißtrauen der Frau erinnerte ihn daran, daß sie eine Frau vor sich sah und keinen Mann, und Parker war eine Weiße, die wahrscheinlich bemitleidenswerter erschien, als die Frau es war. Im Grunde schien sie überhaupt nicht bemitleidenswert, nur fühlte sie sich in ihren engen Kleidern und dem heißen, klebrigen Make-up nicht wohl.

»Es ist dahinten«, sagte Parker. Und erst, als die Frau sich in Bewegung zu setzen begann, bemerkte Parker ihre Schwerfälligkeit, ihre dicken Arme und Schenkel, die sie behinderten und zur Seite zogen.

Die Frau geriet beim Gehen zu sehr außer Atem, um etwas zu sagen, aber als sie nach zwei Blocks vor

Parkers Haus ankamen, sagte sie: »Ich dachte, wir gehen zu 'ner Kaffeebude.«

Sie zögerte, warf einen mißmutigen Blick auf das Gebäude, und in dem Augenblick sah Parker es mit ihren Augen: die zerhackte Tür, die Graffiti, den Müll, die runden, auf den Stufen festgebackenen Kaugummis, die Taubenscheiße, die verbogenen Gitter vor den Fenstern.

»Es ist nicht so mies, wie es aussieht«, sagte Parker, denn er wußte, was die Frau dachte. »Ich bin hier vor gar nicht so langer Zeit erst eingezogen.«

Und er glaubte immer noch, daß diese Frau, deren Pech allein er beobachtet, die er von der Straße geholt hatte, ihm etwas offenbaren und ihn vielleicht retten würde.

»Rick hat immer schon gedroht, daß er so was machen würde«, sagte die Frau, die schwerfällig die Treppe hinaufstieg und durch die Art, wie sie mit dem Fuß auf jede Stufe stampfte, das Haus in Besitz zu nehmen schien. Sie sprach fast mit Bewunderung, nach jedem Satz keuchend, darüber, wie er sie aus dem Wagen geschmissen hatte. »Und dann macht er's einfach. Ich hätte nie gedacht, daß er's wirklich tut.«

»Ist er Ihr Mann?« fragte Parker.

»Ist das von Bedeutung?« sagte die Frau wieder in diesem bösartigen Ton. »Ist es denn schlimmer, wenn du zufällig mit dem Typen verheiratet bist, der dich zusammenschlägt?«

Wieder schien sie ihn zu beschimpfen, es war der

gleiche Ton wie vorher der bei: »*Habe ich etwa was von Ihnen an?*« Ergeben öffnete Parker die Tür zu seinem Zimmer. Unversehens war ihm der Gestank auf dem Flur zu Bewußtsein gekommen, der Anblick all der mit Vorhängeschlössern gesicherten Türen und die nackten Glühbirnen, die von der Blechdecke hingen.

»Luxuriös«, sagte die Frau. »Haben Sie selber angestrichen? Hier drin ist es ja heißer als draußen. Äh, wo sitzen Sie?«

Sie ging an dem kleinen Sofa vorbei, offensichtlich ohne zu bemerken, daß es ein Sofa war, trat ans Fenster, zupfte an den Vorhängen und sah hinunter auf die Straße – da war ständig jemand, normalerweise standen immer zwei, drei Leute auf der Straße. Dann blickte sie zurück ins Zimmer, machte ein mürrisches Gesicht und rieb die Fingerspitzen aneinander, als sei alles, was sie anfaßte, schmutzig.

Parker hielt ein Glas in die Höhe. »Es ist leider nur Pulverkaffee.«

»Ich bin nicht mäkelig.« Eine Lüge: Es lag bereits Mäkeligkeit in der Art, wie sie es sagte.

Es gab keine Küche, nur eine Spüle in der Ecke und daneben einen Tisch, eine verschmorte Mikrowelle und einen elektrischen Wasserkocher.

Die Frau schwieg, überlegte. Parker hatte den Eindruck, daß ihr erst jetzt die Ungeheuerlichkeit dessen klar wurde, was ihr zugestoßen war: Daß sie von diesem wütenden Kerl über Bord geworfen worden war, aus dem Auto gestoßen, das anschließend davongerast war.

Parker sagte: »Nur keine Bange.«

»Ich habe keine Bange.«

Das hieß, sie hatte welche: so wie sie antwortete, wie sie ihn ankeifte.

»Ihnen wird schon nichts passieren.«

Sie betrachtete Parker, als wäre er sehr klein.

»Ich bin an übleren Orten gewesen«, sagte sie. »Irgendwelchen Süßstoff? Zucker darf ich nicht.«

Parker schüttelte den Kopf, er hatte nichts dergleichen, und die Frau sah entmutigt und müde aus, als er ihr die Tasse reichte.

»Ich bin Sharon«, sagte Parker.

»Vickie«, sagte die Frau und sah sich um. Sie machte keine Anstalten, sich zu setzen, sie schnüffelte und kniff die Augen zusammen. Sie sagte: »Es ist was an diesem Zimmer. Ich weiß nicht.«

»Mehr konnte ich mir nicht leisten«, sagte Parker.

»Das meine ich nicht. Für diese Gegend von Chicago ist es wahrscheinlich ganz hübsch. Es ist was anderes.«

»Ist es das Licht?«

»Ich hab doch gerade klar und deutlich gesagt, daß ich es nicht weiß.«

Sie sah ihn herausfordernd an. Ihr Lidschatten glitzerte schwarz und silbern. Ihre Lippen waren dick und formlos. »Wenn ich der Meinung wäre, es ist das Licht, hätte ich es gesagt.«

Parker sagte: »Sie fragen sich wahrscheinlich, wo das Bett ist.«

»Nein«, sagte die Frau.

»Das kleine Sofa da«, sagte Parker. »Es sind sechs Schaumgummiwürfel, die mit Stoff zugedeckt sind. Man stellt sie um, legt sie nebeneinander, und es wird ein Bett draus.«

Ohne den Blick von ihm zu wenden, zog sich die Frau zurück, wachsam geworden und geduckt, wie in Notwehr.

»Heute morgen bin ich mit dem Gedanken aufgewacht, ich bräuchte eine Freundin«, sagte Parker. »Dann bin ich ausgegangen. Ich weiß nicht, was mich dazu veranlaßt hat. Und dann sah ich, wie Sie aus dem Auto geworfen wurden.«

Als die Frau das hörte, sah sie Parker voll Abscheu an.

»Ich bin froh, daß ich diesen Macker endlich los bin«, sagte die Frau.

Das stimmte nicht. Parker hatte sie weinen sehen.

»Ich bin freiwillig gegangen.« Und sie lachte, wie drei Stöße aus einer Pumpe.

Die Frau log, aber warum, nach dem, was sie erlebt hatte? Statt zu erkennen, was da geschehen war, war sie bereit, es als üblich anzusehen, so als würden jeden Tag Frauen auf der South Side von wütenden Männern aus ihren Autos gestoßen, die dann wegfuhren und nicht mehr wiederkamen.

Diese Vickie war stark und selbstsüchtig. War es

das, was er hatte erfahren sollen? Oder hatte er sich geirrt? Seit er auf der Straße auf sie getroffen war, fast seit den ersten Worten, die sie gesagt hatte, fühlte Parker eine Abneigung gegen sie. Sie war unangenehm, er konnte sie sich als Freundin nicht vorstellen. In seinem Zimmer schließlich hatte er nach und nach das Interesse an ihr verloren. Parker hätte jetzt gern mehr über den Mann gewußt, der sie aus dem Wagen geworfen hatte. Neben dieser Vickie sah er ihn plötzlich in seinen Gefühlen verletzt und gepeinigt: Dieser Mann hatte gelitten.

Von seinen Gedanken zum Schweigen gebracht, war Parker ans Fenster geschlendert, um die Jungen zu beobachten, die lärmend auf der Straße spielten. Die Frau hatte seit ihrer letzten Lüge nichts mehr gesagt, und doch wußte Parker, daß sie ihn anstarrte. Er spürte ihren Blick, das Gewicht ihres Blicks auf seinem Genick.

Schließlich sagte sie: »Und wie machen Sie es, nehmen Sie die nachts ab?«

Mit mürrisch forschendem Blick guckte sie auf seine Haare.

»Was wollen sie damit sagen?« fragte Parker.

Der Blick der Frau klebte an ihm, während sie angstvoll zurückwich.

»Bleiben Sie, wo Sie sind«, sagte sie. Sie war an der Tür. »Wenn Sie mich anrühren, schreie ich.« Sie machte die Tür auf. Sie sagte: »Sie haben vielleicht Nerven, Mister.«

»Ich könnte Ihnen nichts antun«, sagte Parker. »Ich habe schon jemanden umgebracht. Es war grauenhaft.«

Es war die schlichte Wahrheit, aber seine Worte waren wie schwarze Flammen, die die Frau aus der Tür und die Treppe hinunterjagten, und er sah sie auf der Straße, wo sie sich nach dem Haus nicht umsah.

Darauf erschien das Zimmer noch leerer, Parker selbst durch den Abgang der Frau verkleinert. Aber er hatte ihr unbedingt erzählen müssen, was er getan hatte, und er hatte gewollt, daß sie ging.

Es war immer ein Fehler, wenn er bei Tageslicht ausging. Er gehörte der Dunkelheit.

Die Mapplethorpe-Ausstellung im Museum of Contemporary Art lief nach wie vor, und immer noch stand »*Mapplethorpe*« riesig auf der Fahne, die in der Hitze schlaff von der Fassade des Gebäudes herabhing. Aus Neugier und weil er sonst nichts zu tun hatte, ging Parker noch einmal hinein, sah sich die Männer in Leder und die Akte und die Sklavenhalsbänder und die blutigen Genitalien und das geschwollene Fleisch an, und es schien ihm jetzt, daß die Fotografien eine Würde und Direktheit besaßen, die er vorher nicht wahrgenommen hatte. Sie hatten Pathos, sie hatten Humor, sie schienen nicht verrückt; manche kamen Parker tragisch vor. Doch als er sich lobend über das Foto eines Mannes äußerte, der erschreckend krank aussah – das letzte Bild der Ausstellung –, zog Parker die Aufmerksamkeit eines bärtigen Mannes auf sich, der sich zu ihm umdrehte und sagte: »Sehr traurig, nicht wahr? Der hat's.«

Jakes' Foto zeigte seinen Freund in einem geradezu leichenhaften Zustand, mit eingefallenen Wangen und hohlen Augen – sein ganzer kleiner Schädel war im Gesicht erkennbar. Er sah aus wie ein Ausgesetzter, wie jemand, der jahrelang auf einer öden Insel zurückgelassen worden war, wo er Eßbares nur zusammenkratzen und -scharren konnte und mit verfallenen Muskeln und splitteriger Haut immer dünner wurde: Es war das Gesicht eines Verlorenen und Verdammten.

Das Foto war einen Monat alt und nicht lange, nachdem Parker und Barbara sich die Ausstellung angesehen hatten, aufgenommen worden. Mapplethorpe war krank geworden und hatte offensichtlich Jakes zu sich gerufen, um ihm sein Selbstporträt zu geben, das der dann den anderen Bildern hinzugefügt hatte. *»Der hat's«* bedeutete nur eines, und Parker, der ihn gehaßt hatte, trauerte jetzt um ihn.

Am selben Tag noch nahm Parker, als es dunkel wurde, den Zug nach Skokie und fuhr zu Sharons Grab. Er hatte Blumen mit und arrangierte sie vor dem Stein, in den jetzt Sharons Name gemeißelt war. Er kniete sich hin und versuchte zu beten, aber seine Worte waren nichts als vergebliche Proteste – er winselte. Und es hatte keinen Sinn. Sharon war nicht da.

Er hatte gemeint, wenn er Sharons Identität annehme, befreie ihn das schließlich von seinen Gewissensbissen. Jetzt empfand er nicht weniger Reue, aber er lernte Sharon allmählich besser kennen. Sie war fahrig und leichtsinnig gewesen – weinerlich, ärmlich, frustriert, impulsiv, manchmal gefährlich. Sie hatte nie jemandem Schaden zugefügt, aber wie war es möglich, daß jemand so Unschuldiges so einsam sein konnte? Dennoch war es so. Unschuld verlieh keine Stärke, sie machte einzelgängerisch und einsam. Sie setzte einen Gefahren aus. Seine Einsamkeit schwächte Parker so vollkommen, daß er sich die meiste Zeit unsichtbar fühlte, so wie es auch Sharon ergangen sein mußte.

Neuerdings sprach er selten mit jemandem, es sei denn, er verlangte in einem Geschäft nach etwas: nach Lebensmittelkonserven, die er sich in der kleinen Mikrowelle heiß machte, die zum Zimmer gehörte, oder den Außer-Haus-Essen, die er bei dem ängstlichen, aufgeregten Vietnamesen am Ende seines Blocks erstand, fettige Nudeln, wässeriges Gemüse. Wenn irgend jemand, selbst dieser hagere Mann, die simpelste Begrüßungs- oder Abschiedsformel benutzte: »Wie geht's?« oder »Alles Gute«, wurde in Parkers Herz etwas aufgewühlt, und er fühlte sich auf alberne Weise dankbar. Danach war er noch einsamer wegen all dessen, was er, wie er wußte, vermißte.

Er kaufte sich einen billigen Schwarzweißfernseher, der nicht größer als die Mikrowelle war und ihr fast in jeder Hinsicht glich. Diesen Fernseher ließ er den ganzen Tag laufen, er flimmerte, bis Parker schlafen ging. Ständig eingeschaltet und tiefgründig schwatzend, verlieh er dem Zimmer den Anschein von Leben. Parker hörte oft gleichzeitig Radio, und es tröstete ihn, daß er sich im Mittelpunkt zusammenhanglosen, gegeneinander ankämpfenden Lärms befand.

Sein Interesse richtete sich jetzt auf öffentliche Ereignisse. Die Nachrichten fesselten ihn, Morde, Vermißtenanzeigen und Skandale, Anzeigen wegen vergifteten Aspirins oder die Geständnisse eines im Gefängnis sitzenden Sängers, der neueste Drogenspleen oder die Enthüllungen halbwüchsiger heroinabhängiger Mädchen, deren Schwangerschaften zu drogenabhängigen Kindern führten. Sharon hatte diese Geschichten verfolgt – alle einsamen Menschen taten das. Einsame Menschen brachten sich um den Schlaf wegen des Ayatollahs oder der Ozonschicht.

Wichtig und unwichtig: der Präsidentschaftswahlkampf, die Waldbrände im Yellowstone-Park, die Dürre im Mittelwesten, Krankenhausabfälle – benutzte Spritzen und blutige Binden –, verschmutzte Strände in New York, der Sturz eines kleinen Mädchens in einen Brunnen in Texas, der Autounfall eines bekannten Nachrichtensprechers, der Tod eines Wals an einem entlegenen Strand in Kalifornien, eine Flut von Raubüberfällen, Flugzeugentführungen – Katastrophen, Tragödien, Terrorismus. Er verfolgte jede Geschichte, und er wußte, daß überall im ganzen Land andere einsame Menschen das gleiche taten.

Die Einzelheiten wurden stündlich wiederholt, manchmal mit leichten Abänderungen, manchmal mit neuen Entwicklungen, bis sie die Ereignisse in Parkers eigenem Leben zu ersetzen schienen und die Erinnerung an den Mord, den er begangen hatte, überrollten und ihn von seinen Reuegefühlen ablenkten, während er auf Erklärungen, mehr Details, weitere Berichte wartete. Sein Nachrichtenkonsum war wie seine verzweifelte Gier nach Junk food, die auf genau die gleiche Art und Weise seinen Hunger größer werden ließ. Junk drinks machten ihn immer durstiger, und Hamburger steigerten seine Fähigkeit, noch mehr zu essen: und nach schlechten Neuigkeiten brauchte er noch schlechtere.

Es war so weit gekommen, daß ihn nur noch Tragödien reizten – die unglücklichen Gesichter, die Körper, die aus Eisenbahnwracks herausgeschweißt wurden, die Augenzeugenberichte von Bränden in koreanischen Hotels, von Leuten, die durch die unversöhnlichen Sprengungen israelischer Soldaten heimatlos geworden waren, zerschmetterte Leichen und Gepäckstücke, die zwischen den Wrackteilen eines Flugzeugabsturzes über ein Feld verstreut lagen. Er sah genau hin, wenn Augenzeugen versuchten, ihr Entsetzen zu beschreiben, und er haßte sich, weil ihm auffiel, wie schlecht gekleidet Überlebende von Tragödien immer waren.

Er aß Junk food und schaute Junk-Fernsehen, und er wußte, daß Donohue und Geraldo mit ihm sprachen, genauso wie er wußte, daß die Leute in den Radio-Talkshows sich an ihn richteten. Sie waren ihm inzwischen vertrauter, als Barbara oder Ewa es jemals gewesen waren. Er schlief sehr viel, wobei er entweder das Fernsehen oder das Radio laufen ließ, und wenn er bedrückt war oder der Mann vom Nachrichtenteam sagte: *»Ich gehe dieser Flugzeuggeschichte nach, Jack, um fünf bringe ich Ihnen live den neuesten Stand«*, dann sah er sich bis dahin Spielshows an und ließ sich in das Leben der Kandidaten hineinziehen.

»Jay, Sie sind aus Anaheim und Programmierer, und Ihre Frau Dale arbeitet in einem Blumenladen und arrangiert Blumensträuße. Sie haben zwei Söhne, und Ihr Hobby ist das Sammeln von Eisenbahnsouvenirs, und Ihr sehnlicher Wunsch ist eine Reise nach London und Paris.«

Wie fertig die Leben von Menschen erschienen.

»Also, wir wissen, Ihre Kinder sind acht und zehn, und wir haben eine Unmenge toller Preise für Sie und Ihre Kinder, wenn Sie gewinnen. Eine Audio-Musik-System-Wand von Sony mit einem CD-Player und dem ganzen quadrophonischen Drumherum. Die Allbright-Workmaster-Power-Werkzeuge werden Ihnen gefallen, und Ihre Gattin wird

sich einen neuen Duft zulegen mit unserem Preis, der aus einer Reihe von Schönheitsmitteln von Nina Ricci besteht...«

Aber Jay und Dale Ashby verloren gegen die Familie Nemhard aus Minneapolis, und Parker machte das unsäglich traurig, bis er in der nächsten Runde sah, daß die Nemhards würdigere Sieger waren.

Er sah sich das »Glücksrad« an und drehte durch, wenn ein Kandidat aus den Buchstaben an der Anzeigetafel nicht so simple Zitate wie »*When The Saints Go Marching In*« oder »*My Darling Clementine*« erraten konnte, und das gehörte zu den wenigen Malen, da Parker sprach, wenn er das verstörte Gesicht des Betreffenden sah, nachdem Vanna White den Buchstaben umgedreht hatte (»*ja, da haben wir einen*«), und laut rief er: »*On the road to Mandalay! On the road to Mandalay!*«

Ihn beruhigten die Regelmäßigkeiten der Programme und das immer gleiche Gerede, dieselben Schlagworte und Quizmaster, dieselben vier Leute im Nachrichtenteam. Und er war bekümmert, als Shelley, der Wetterfrosch, Urlaub machte, und eigentlich etwas überrascht, daß diese Menschen auch außerhalb des Fernsehens ein Leben hatten, denn so langsam war er überzeugt, daß das Fernsehen ihre gesamte Existenz darstellte, so wie es sein Zuschauen auch für ihn war.

Das war Sharons Leben, diese Shows, die Nachrichten, dieses Zimmer. Es war nicht genug.

Parker kaufte sich die Zeitung, um die Fernsehprogramme zu verfolgen und seinen Tag zu planen, und hob sie auf – und eine neue Abneigung gegen das Aufräumen des Zimmers (Aufräumen machte es offenbar noch mieser und ließ es deprimierend kahl erscheinen) veranlaßte ihn, die Zeitungen aufzuheben und wieder und wieder die Kleinanzeigen zu lesen. Die *Tribune* langweilte ihn. Neuerdings kaufte er immer den *Reader*.

Die Kontaktanzeigen fesselten ihn und reizten seine Phantasie, und sehr deutlich – allein an der Wortwahl, an der Art, wie sie verschlüsselt waren – konnte er die Verrückten erkennen, die Sorglosen, die Heiratswütigen, die Fieslinge, die Schmerzfreaks oder die, die es einfach drauf ankommen ließen, die Schwulen, die Perversen, die Paare, die Anfänger, die Schinder, die Verzweifelten und die Leute, die schlicht irrsinnig einsam waren.

Alle Männer – woran lag das? – benutzten den größten Teil ihres Anzeigenraums, um ihre Idealfrau zu schildern, die überhaupt keine Frau war, sondern ein Mädchen, immer jung, normalerweise klein, »*gut gebaut*«: die Absurdität eines dickbusigen kleinen Mädchens! – bereit, alles zu versuchen, möglichst blond, ein Häschen, ein Opfer.

In den Anzeigen der Frauen stand nie so etwas, selten schilderten sie überhaupt den Mann, sondern sie beschränkten sich auf die Frau, die suchte, wie zum Beispiel: »*Frau, gerade vierzig, demnächst wohnhaft im Raum Chicago, Erfahrungen in Krankenpflege/Physiotherapie, interessiert an Essen, Wein, Musik, Büchern, Ausgehen, aber keinen Bock mehr auf die Single-Szene...«* Kein Wort davon, ob sie sich einen Mann groß oder klein wünschte, jung oder alt, dünn oder dick, wenn manchmal auch das Wort »Nichtraucher« fiel. Frauen annoncierten die Fakten ihres Lebens, Männer schilderten ihre Phantasien.

Parker entsprach keiner dieser männlichen Phantasien, auch wenn er wußte, daß er in entscheidenden Punkten vollkommen war: Sharon, das Opfer, war die ideale Adressatin von Kontaktanzeigen. Diese Männer wollten Phantasie-Sex, Phantasie-Leben, erfüllte Träume der Freude und des Erfolgs, das fertige Leben von Menschen in Fernsehsendungen, die Kandidaten in »Family Freud«, »Glücksrad« oder »The Price is Right« – diese gewollt-schlagfertigen Paare, die kreischten und in die Hände klatschten und *»In Ordnung!«* und *»Geh ran!«* riefen. Und einige von den Männern, die unter »Persönliches« inserierten, wünschten sich, Verstümmelungen und Morde zu begehen. Alle Anzeigen deuteten auf Gewalt hin, aber wie konnte man absolut sicher sein?

Wenn er nachts im Bett lag und die Lichtstreifen von Scheinwerfern über die Wand wanderten und in Wellen über ihn hinwegzogen, sagte Parker seine ideale Kontaktanzeige flüsternd vor sich hin und feilte an ihr herum. Sie lautete: *»Reuevolle WF, 37, hübsch, blond, verzweifelt, alleinstehend, einiger-*

maßen wohlhabend, eigener Wagen, Nichtraucherin, sucht Mann, der sie hinrichtet. Nur ernste Angebote.«

Aber war das nicht die Botschaft aller Kontaktanzeigen, ganz gleich, von wem?

Manchmal fand er eine Anzeige, die ihn aufscheuchte und denken ließ, er brauche nur darauf zu antworten, damit Gerechtigkeit geschah und er seinen Frieden hatte. Was ihm an diesen Anzeigen auffiel, war, daß sie genau von der Art waren wie die, die er einmal in den *Reader* gesetzt hatte, wenn auch aufregender und eindeutiger: »*Kreativer DWM, Hobbys: Bodybuilding und Fotografie, sucht dringend kleine, unterwürfige F, 20–30, Rasse oder Nationalität gleichgültig, für gemeinsame Träume. Völlige Diskretion zugesichert. Foto erwünscht.*«

Und manchmal gab es Traumanzeigen, die Erniedrigung, Strafe und Gewalt in Aussicht stellten, doch mit einer so oberflächlichen Erwähnung von Lust oder Spaß, daß es wie ein Versprechen körperlicher Qualen klang.

Fast immer mußte man an ein Postfach schreiben. Parker war dieses Verfahren wohlbekannt. Aber hin und wieder las man auch einen Vornamen und eine Chicagoer Nummer.

»Hallo?«

Parker mußte würgen, als er antworten wollte, aber seine Brust hatte sich verkrampft, und seine Stimme, die er kaum benutzte, war nicht zu hören.

»Ich kann Sie nicht hören. Ich weiß nicht…«

»Es geht um Ihre Annonce im *Reader.*«

»Sie hören sich ziemlich komisch an«, sagte die Stimme. »He, wie sehen Sie denn aus?«

»Nicht allzu groß«, sagte Parker. »Ungefähr Durchschnittsgröße…«

»Sie hören sich wie ein Kerl an. Sind Sie ein Mann? Hören Sie zu, wenn Sie ein Mann sind – he, sagen Sie noch was.«

Parker legte schnell auf. Es gab noch zwei Nummern. Eine war ständig besetzt, bei der anderen meldete sich eine Stimme, in der das tiefe Glucksen puren Wahnsinns vernehmbar war, das Parker die Sprache verschlug.

Wenn er die Zeit dazu gehabt hätte, hätte er einen Brief geschrieben, ein Foto beigelegt und gehofft, vom ersten Mann, den er traf, bestialisch ermordet zu werden. Aber er war nervös und ungeduldig. Er wußte, er verdiente zu sterben, und er wollte, daß ihm der Tod gewiß war. Er wollte nicht mit einem Hammer auf den Kopf geschlagen werden und als hilfloser, gedemütigter Krüppel am Leben bleiben, außerstande, der Sache ein Ende zu setzen.

Er vermißte – was? Nicht Barbara oder das Baby. Nicht seine Eltern, nicht Ewa. Sie alle war er ein für allemal los. Er vermißte seine Kindheit, an die er sich kaum erinnern konnte, stille und einsame Jahre, ehe er in die Welt zog, als ihm die Zeit noch grenzenlos erschienen war und der Tod keine Bedeutung hatte;

als ihm alles möglich erschien und er von seiner Überlegenheit vollkommen überzeugt gewesen war. Bevor er irgendwelchen Schmerz erfahren, bevor er die Liebe erfahren, als er in dumpfer, dankbarer Freude dahingelebt hatte. Mit der Erfahrung der Liebe hatte er zu sterben begonnen, und die körperliche Liebe hatte ihn entkräftet. Sex war immer zerstörerisch, und Eigenliebe führte nur in eine Richtung – Sharon wußte das.

Die Männer hatten ihr ständig »Komm her, komm her!« zugerufen.

Kapitel 15 Er fühlte sich schwach und dennoch unzerstörbar, als würde er ewig durchhalten, wie eine Infektion, die zurückgeht, aber nie völlig weicht. Sein altbekanntes Gefühl, gefährlich zu sein, kehrte zu ihm zurück und machte ihn vorsichtig: Er sah, wie er die Männer provozierte. Was ihn am meisten störte, waren die Reaktionen, die er bei ihnen auslöste. Er wußte, er war immer noch imstande, Schaden anzurichten. Er hatte gemeint, als Frau wäre er dazu verdammt, Opfer zu sein. Aber es war komplizierter. Als Frau – als *diese* Frau – begriff er langsam Sharons Mitschuld, ihren Anteil an der Gewalt. Er erkannte die Feinheiten der Gerechtigkeit: Daß sie für einige ihrer Leiden selbst verantwortlich zu machen war – aber zu sterben hatte sie dennoch nicht verdient. Sie hatte sich als gefügige Geliebte angeboten, um ihn zufriedenzustellen, und er hatte sie dafür getötet. War Tod die natürliche Folge solcher Begierde? War Mord ein blutiges Sinnbild für die kürzeste aller Liebesaffären?

Diese Gedanken verschafften ihm Tage voller Gegenbeschuldigungen, und am Ende mußte er sich zwingen, aus dem Haus zu gehen.

Der Rest war einfach, aber erschreckend. Er

brauchte nichts weiter zu tun, als sich als Frau zu kleiden und das Haus zu verlassen, und er wurde mitgerissen: Es war etwas, was er als Mann nie erfahren hatte. Er wurde von Männern fortgetragen, von ihrem Geschwätz, ihren Blicken, allein schon durch ihre Anwesenheit, wenn sie ihn umgaben und bedrängten und weiterschoben. Er widersetzte sich nicht. Er lief weiter. Er war erstaunt, wie weit man zu Fuß kommen konnte in diesen Schuhen – er war fast an der Roosevelt.

Von dort, von einem Münztelefon, das eine Haube wie ein Haartrockner hatte, rief er Barbara in Evanston an. Er murmelte etwas in die Muschel, als Barbara »hallo« sagte. Seit ungefähr einer Woche hatte er nicht mehr laut gesprochen, und seine Stimme, fast ein Flüstern, war ihm fremd, auch für Barbara.

»Wer ist dort?« fragte Barbara mit schroffer, fordernder Stimme. »Parker, bist du es?«

»Ich weiß nicht, was...« Aber die Worte wurden immer leiser und erstarben.

»Hat es irgendwas mit meinem Mann zu tun?«

Parkers Stimme war nicht zu vernehmen, die Worte blieben ihm im Mund hängen.

»Hören Sie, was haben Sie mit meinem Mann gemacht?«

»Noch am Leben«, sagte Parker.

Sie hatte nicht zugehört. Sie redete noch immer. »Die Polizei sucht nach ihm. Also wenn Sie irgendwelche Informationen haben...«

Er hängte ein. Es war hoffnungslos. Sie war auf markerschütternde Weise am Leben, und das war alles, worauf es ankam. Es war ein Fehler gewesen anzurufen, es hatte sie nur aufgeregt: Er hatte keine Neuigkeiten für sie.

Ehe er sich vom Telefon umgedreht hatte, stand ein Mann neben ihm und redete, wie sie's immer taten, wie mit irgendeinem Dämlichen, Kleinen, den sie von früher kannten, aufgeblasen und schikanös, die männliche Stimme, die herabstößt, unter Druck setzt und beharrt – weil er eine Frau war, nachts, allein.

Es war so absehbar. Man konnte in eine Bar gehen, dort gab es zuerst erstaunte Blicke, ein gewisses vorübergehendes Schweigen, und dann kam jemand zu einem und fing einfach an zu reden. Eine Frau brauchte bloß irgendwo aufzutauchen, und schon wurde sie den Rest des Weges mitgenommen, ob sie wollte oder nicht.

Der Mann trug einen Hut und war dicklich, sein Hemd spannte sich straff über seinem Bauch. Er war kein Weißer, er war kein Schwarzer, er war irgendwas Schwärzliches dazwischen, machte ein mürrisches Gesicht und klang gereizt und ungeduldig.

»Mach mir nichts vor, du willst nirgendwohin«, sagte er, weil sich Parker von ihm weggedreht hatte. »Du suchst doch nach mir, oder?«

Der Mann wartete keine Antwort ab. Er ergriff Parkers Hand, hielt sie mit dicken, weichen Fingern fest und winkte einem Taxi.

»South Blue Island Avenue, an der Throop«, sagte Parker zum Fahrer.

Der Mann rammte sich Parkers Hand grob zwischen die Schenkel und sagte nichts.

Im Zimmer bestand er darauf, daß eine kleine Lampe angeknipst wurde. Angewidert stellte er fest: »Keine Klimaanlage.«

Er zog sein Hemd aus und gähnte laut knurrend. Sein Haar war kurz und hart, aber es wuchs ihm hinten am Hals herunter und breitete sich wie eine Felldecke über die Schultern aus.

Parker, der von einem niedrigen Sessel aus zugesehen hatte, in dem er sich nach vorn duckte, sagte: »Ich möchte nur was sagen.«

»Schieß los«, sagte der Mann.

Parker sagte: »Jeden Samstag nahm ein Typ ein Mädchen, immer ein anderes, in sein Verbindungshaus mit, und wenn sie ein paar Stunden später wieder aus dem Zimmer kamen, wußten die Burschen, die es mit angesehen hatten, daß er sie gebumst hatte. Sie hatte diesen benommenen, weggetretenen Blick. Bloß um rauszukriegen, wie er es schaffte, solchen Erfolg bei Frauen zu haben, brachten sie ein Mikrophon in sein Zimmer und nahmen alles auf, was passierte...«

Er zögerte. Der Mann sah ihn unverwandt an, trotzdem konnte Parker den Ausdruck auf seinem Gesicht nicht erkennen.

»Danach hörten sie sich das Band an«, sagte Parker.

»Alles, was sie hörten, war, wie die Frau verdroschen wurde.«

»Soll das komisch sein?« fragte der Mann.

»Das war der Grund, warum der Bursche so erfolgreich war«, sagte Parker. »Weil er sie mißhandelte.«

Der Mann grunzte und blickte hinter sich, erschreckt von Parkers geflüsterter Geschichte. Er packte Parker am Arm und zog ihn auf die Knie. Er hatte es eilig, er war erregt.

»Du weißt, was du damit zu machen hast«, sagte er.

Parker hatte nicht die leiseste Ahnung, und hirnloser Terror machte ihn hilflos. Er haßte es, vor diesem Mann zu knien, aber er wußte auch, daß es der Platz war, wo er hingehörte. Der Geruch des Mannes war ekelhaft und schien ihn nur noch bedrohlicher zu machen. Die Art, wie der Mann stolz seinen Penis in der Hand hielt, als packe er einen Speer mit der Faust, zwang Parker, sich nach hinten zu beugen und auf seine Fersen zu lehnen.

Der Mann schlurfte näher, griff nach Parker und brachte ihm die Perücke durcheinander.

»Was soll das denn?«

Er riß sie herunter, sah Parkers kurzen Igelhaarschnitt, verängstigte Augen und ein possenhaftes Make-up – und brüllte los.

Der Fremde schien den Raum mit seiner Wut zu füllen. Angst und Aggression lag in der Art, wie er Parker ins Gesicht schlug und an seinen Kleidern zerrte. Er zog Parker hoch und stieß ihm den Kopf jäh auf den Amboß seines Knies, zwei-, dreimal. Parker war schon nach dem ersten Stoß wie gelähmt. Er wehrte sich nicht, hob nicht einmal die Arme, um sich zu schützen. Er wünschte sich nur, daß es schon vorbei wäre. Bei seiner Prügelei kippte der Mann die Lampe um, und Parker fiel mit und zerquetschte sie unter sich. Dann war es dunkel im Zimmer, und der Mann wurde noch wütender und begann, nach ihm zu treten.

»Du Tunte, du Scheißkerl...«

Die Leute werden es hören, dachte Parker. Das Geschrei des Mannes wird sämtliche Leute im Haus wecken. Er wollte nicht, daß jemand den Mann sah und irgendwas von alldem erfuhr. Er fühlte sich verantwortlich für die Wut und die Erniedrigung, die er ausgelöst hatte, und war froh, als der Mann wiehernd Luft holte und aus dem Zimmer wankte. Er verließ schnell das Haus.

Zweimal, als er so dalag, glaubte Parker, draußen Stimmen zu hören. Aber niemand klopfte. Niemand war wach geworden oder hatte sich, falls man den Kampf doch gehört hatte, darum gekümmert. Parker lag noch immer da, wo er hingefallen war, außerstande aufzustehen. Der Schmerz ließ nicht nach, aber er wurde von einer Taubheit eingeholt, und Parker schlief ein.

Als er aufwachte, schämte er sich und konnte nur an diesen Mann denken, den er reingelegt hatte. Es war falsch, einen Menschen dazu zu provozieren, sich als Vieh aufzuführen, einfach weil er ein Fremder war. Er verabscheute den Gedanken, daß er Gewalttätigkeit in den Menschen auslöste. Dunkel hatte er das Gefühl gehabt, sie könnten ihn fertigmachen: Das war die einzige Gerechtigkeit, so schien es. Aber welchen Einfluß hatte er auf sie? Es war nicht fair, sie zur Wut gegen ihn anzustiften. Es war eine perverse Methode, sie mit sich in den Abgrund zu reißen.

Ein paar Tage war er zu übel zugerichtet, um nach draußen zu gehen, vielleicht mehr als ein paar Tage. Er hatte aufgehört, die Tage zu zählen, er wußte nicht, wie spät es war, er aß selten. Er wünschte sich nur zu sterben, und so hatten Zahlen keine Bedeutung für ihn. Nur die Lebenden scherten sich ums Zählen.

Einst hatte er den Gedanken gehabt, wie angemessen es für ihn wäre, nachts auf Partnersuche zu gehen, einen Mann aufzugabeln und umgebracht zu werden. Jetzt sah er, wie falsch das war: daß seine Zerknirschung ihn dumm gemacht hatte. Er hatte kein Recht, aus einem Menschen einen Mörder zu machen. Er verdiente es zu sterben, aber niemand sonst durfte in seinen Tod mit hineingezogen werden. Er war der Mörder, also gab es nur eine Möglichkeit: Es hatte die ganze Zeit nur eine Möglichkeit gegeben, und er war ihr ausgewichen. Die Prügel hatten ihn geschwächt. Er brauchte noch einen Tag, um stark genug zu sein und die Sache hinter sich zu bringen.

Parker erwachte und trat an den Spiegel. Er hatte kein Gesicht, kein Spiegelbild: Er sah nichts. Der Tag war also da.

Als er durch den Loop wanderte, war er froh, daß niemand den niedergeschlagenen Mann sah, der er war. Sie sahen eine verrückte Frau und kümmerten sich nicht darum.

Ihm fiel wieder ein, daß er ein paar Blocks weiter im Juni fast getötet worden war, von einem Bus überfahren. Er fühlte Bitterkeit, daß es nicht soweit gekommen war. Aber an jenem Tag hatte er in gewisser Weise zu sterben begonnen. Damals, das war der erste Tag seines Todes gewesen, und dieser würde der letzte sein.

In diesem Moment, als er auf dem breiten Bürgersteig die Jackson entlangging, suchte die Polizei nach ihm, suchte nach Parker Jagoda und suchte auch nach dem Mörder, den sie den Wolfsmenschen nannten. Sie hatten nichts gegen eine eckige Blondine in blauem Rock und weißer Bluse, mit einem Tuch ums Haar, das ihr Gesicht zum Teil verdeckte; mit großen Füßen. An der Ecke zur North Franklin ging er an zwei Polizisten vorbei. Sie sahen ihn nicht.

Als sein Opfer gekleidet, hatte er – durch puren Zufall – die perfekte Maske gefunden. Sharon war der einzige Mensch auf der Welt, nach dem niemand suchte. Er hätte jahrelang so weiterleben können, unentdeckt. Aber er hatte kein Recht dazu, er hatte überhaupt keine Rechte, kein Mörder hatte die.

Auf dem freien Platz um den Sears Tower herrschte Volksfeststimmung: aufgeregte Menschenmassen von außerhalb, die auf ihre Fahrt im Aufzug warteten, als handele es sich um ein Rummelplatzvergnügen. Büroangestellte kamen von ihrer Mittagspause zurück und mischten sich unter die Leute, und überall standen Schülergruppen im Weg, Kinder aus Sommerlagern, Kinder aus Clubs, Kinder mit den gleichen T-Shirts. Sie tobten herum und machten Lärm, und einige von ihnen fuhren zusammen mit Parker in dem Fahrstuhl, der es in den Ohren knacken ließ, zur Aussichtsplattform hoch.

Parker sah erschrocken, wie fest verschlossen die Fenster waren; die Schlösser an den Türen, die wachsamen Sicherheitsbeamten. Er stieg höher, zur Antennenplattform, trat nach draußen und war fast geblendet vom Blick auf den großen, blauen See und die braune, breitgelagerte Stadt, die sich in die Sonne streckte. Leute kreischten, weil die Höhe ihnen angst machte und weil es sehr windig war. Das Wimmern des auffrischenden Windes half Parker denken: Es entsprach genau dem Geräusch, das ihm durchs Gehirn raste.

Er hielt seine Perücke fest, drückte seine Kleider an sich, aber nur um des äußeren Anscheins willen. Er wollte keine Aufmerksamkeit auf sich lenken. Er lief einmal innen um die gesamte Absperrung herum, an der hilfreiche Anweisungen angebracht waren: »*Versuchen Sie nicht zu…*« und »*Es ist gefährlich zu…*«

und »*Es ist strafbar zu ...*« Die Schilder fesselten ihn, erzwangen seine ganze Aufmerksamkeit und halfen ihm, sich einen genauen Plan auszudenken.

»*... höchste Bauwerk der Welt*«, plärrte ein prahlerischer Kommentar aus einem Lautsprecher, während Parker nahe der Absperrung auf der Lauer lag.

Ein kleines Mädchen kam näher und sah ihn finster an.

»Warum weinst du?« fragte es.

»Weil ich so glücklich bin, hier oben auf dem Sears Tower zu sein«, sagte Parker.

Das Mädchen kniff ein Auge zusammen und fragte: »Warum denn?«

»Weil das hier die einzige Stelle in Chicago ist, wo man nicht auf den Sears Tower blicken muß«, sagte er.

Darüber zog das kleine Mädchen die Nase kraus und ging weg. Sogleich stemmte er sich gegen das Glas in der Ecke der Absperrung, hievte sich auf deren Krone und schwang ein Bein über das überdimensionierte Aquarium hinweg. Als er hinübersprang, wobei er seine Perücke verlor und sich die Bluse zerriß, hörte er einen Schrei. Jemand hatte ihn gesehen, war aber auf der anderen Seite. Das Glas dämpfte das Durcheinander der Leute, die vordrängten, um etwas mitzubekommen.

Der Wind riß an ihm, während er eilig auf die Brüstung zulief und ein Schutzgeländer vor einer zweiten Absperrung überkletterte. Die Dächer kragten nach außen vor – er konnte drüber wegsehen, aber nicht nach unten. Er kämpfte sich gegen den Wind vor bis zur letzten Umzäunung am Rand des Gebäudes, und er lief wie auf Wolken angesichts der vielen Meilen freier Luft und der großen Entfernung nach unten.

Er dachte an nichts, nur an das, was er gleich tun würde. Nichts existierte auf der Welt außer ihm, und das war der Grund, weshalb er überflüssig war. Er mußte weg. Er war ein Fehler, der ausgemerzt gehörte. Er war nicht mehr als ein bedeutungsloses Staubkorn. Genauso fühlte er sich.

Er begann sich auszuziehen, riß sich die Bluse vom Leib, streifte den Rock ab – und weg mit seiner Unterwäsche und den Strümpfen. Er mußte sie nur aus den Händen freigeben, damit sie sich mit Luft füllten und davonsegelten.

Dann war er nackt und voller Ungeduld zu verschwinden und so nahe daran, wirklich glücklich zu sein, wie er es noch nie gewesen war. Dieses war die einzige gute Tat, die er in seinem ganzen Leben vollbracht hatte. Er blickte sich um und sah zwei Sicherheitsbeamte hinter ihm hersteigen, aber sie hatten Angst vor der Höhe, vor dem Wind, vor all den spitzen Hindernissen auf dem vorspringenden Sims. Sie waren langsam und kamen vorsichtig näher. Parker hatte keine solchen Ängste.

Er stieß einen schrillen Schrei aus, sprang gespannt ab und wurde vom Wind ergriffen – sein ganzer Körper wurde hin und her gerissen. Er hatte das starke Gefühl, daß er einen Fehler gemacht hatte: daß er nicht fiel, sondern nach oben getragen wurde, wie seine Kleider, und über Chicago dahinschwebte, daß er weiterleben würde. Seine Zerknirschung verließ ihn, er wurde reingewaschen vom Wind und so belebt von einer neu aufwallenden Hoffnung, daß er zu zählen begann. Er war sicher, daß er flog.